LE MICROCOSME DE LA FORMULE 1
QUAND LE SPORT DEVIENT UN BUSINESS

MICKAËL GUILMEAU

Copyright © 2026 MICKAËL GUILMEAU

Tous droits réservés.

ISBN : 978-2-9532930-7-4

Ce livre est une œuvre indépendante et n'est ni affilié, ni approuvé, ni sponsorisé par la Formula One Licensing B.V., la Fédération Internationale de l'Automobile (FIA), ou toute autre entité liée à la Formule 1. Les marques « F1 », « FORMULE 1 », « FORMULA 1 », et leurs logos respectifs sont des marques déposées de la Formula One Licensing B.V. Leur utilisation dans cet ouvrage l'est à titre informatif et descriptif uniquement, conformément aux principes du droit des marques.
Toute référence à des noms, marques, événements ou personnages liés à la Formule 1 est faite dans un but documentaire, analytique ou critique, et ne saurait impliquer une quelconque association officielle avec les détenteurs des droits.

TABLE DES MATIÈRES

1	Avant-propos	1
2	Les débuts de la Formule 1	5
3	L'engagement des constructeurs	11
4	Bernie Ecclestone	25
5	Liberty Media	31
6	La F1 et le MotoGP	37
7	Les Accords Concorde	43
8	Les contrats des pilotes	53
9	Les pilotes payants	61
10	Les académies	67
11	L'évolution des sponsors en F1	75
12	La F1 qui fume	83
13	Les Grands Prix	91
14	Le Moyen-Orient investit dans la F1	99
15	Les Droits de l'Homme et la F1	105
16	L'évolution des budgets en F1	113
17	Les budgets plafonnés	131
18	Epiloque	139

1
AVANT-PROPOS

MICROCOSME DE LA FORMULE 1

MICROCOSME DE LA FORMULE 1

Qu'est-ce que la Formule 1 (F1) ? Beaucoup diraient que ce sont des voitures qui tournent en rond, d'autres diraient que c'est une prouesse technologique sur un circuit, une infime partie parlerait de fous furieux qui se battent sur des pistes aux quatre coins de la Terre. Mais la F1 n'est-elle pas tout cela, au final ? N'est-ce pas une bande de fous furieux, dans des bolides à la pointe de la technologie, sur des circuits, à tourner en rond pour être les meilleurs ? Cette définition, c'est la plus simpliste qui soit pour définir le pinacle de la monoplace.

Mais derrière les fous furieux, les bolides et les circuits se cachent un monde, une économie, un pouvoir politique. Faire rouler des pilotes dans des voitures à haute vitesse devant des personnes venues en masse sur les circuits et par des millions de téléspectateurs ne se fait pas comme cela. Il faut de multiples ingrédients pour que cette « mayonnaise » prenne.

Pour commencer, il faut des équipes. Pour qu'elles puissent développer des monoplaces, il leur faut des partenaires capables d'aligner des milliers, voire des millions d'euros, de livres sterling ou de dollars, mais aussi des primes données par l'organisateur du Championnat du Monde via un accord secret. Pour propulser ces équipes, il faut un constructeur de moteur (ou motoriste), qui accepte de dépenser des millions, voire des milliards, dans la recherche et le développement du meilleur moteur.

Ensuite, il faut signer des contrats avec les pilotes, qui sont, d'après la légende, les meilleurs du monde. Certains sont payés selon une échelle allant du néant à l'infini, tandis que d'autres sont obligés de payer pour pouvoir réaliser leur rêve.

Une fois les équipes et les pilotes en place, il faut des endroits où courir, les plus beaux circuits du monde. Il faut aller en Europe, en Asie, en Océanie, en Amérique ou encore en Afrique, il faut offrir du spectacle. Les ingrédients sont presque réunis pour que le Championnat du Monde commence. Il ne manque que la télévision pour diffuser les courses au nord, au sud, à l'ouest et à l'est.

Mais la F1 n'est pas seulement une démonstration de puissance ou de moyens financiers. C'est avant tout un sport de règles où chaque innovation, chaque idée, chaque gain de performance doit s'inscrire dans un cadre technique et sportif extrêmement strict. Gagner en F1, ce n'est pas être le plus rapide sans contrainte, mais être le plus intelligent dans les limites imposées.

De cette recette plutôt succincte découlent de nombreux éléments qui ont le pouvoir d'être les briques danoises du sport automobile. Les équipes (avec leur personnel), les moteurs, les pilotes, l'argent, les sponsors, les contrats, les accords, les circuits, les diffuseurs… tant de maillons qui agissent les uns sur les autres, au point d'être indissociables.

La réalité de la F1, c'est ça ! C'est aussi un sport du compromis permanent : entre la vitesse et la fiabilité, entre la performance et la sécurité, entre le sport pur et les intérêts économiques ou politiques. Chaque victoire est le résultat d'un équilibre fragile, sans cesse remis en question.

MICROCOSME DE LA FORMULE 1

Parler de ce qu'est vraiment la F1, de ses enjeux, n'est pas une chose simple. Le silence et la discrétion sont de mise. Mais le temps a fait son œuvre. Plusieurs informations ont été rendues publiques, aidées par l'ère d'Internet. Il est aujourd'hui possible d'expliquer ce que sont les coulisses de la F1, malgré ce brouillard qui peine à se dissiper.

2
LES DÉBUTS DE LA FORMULE 1

MICROCOSME DE LA FORMULE 1

Le 13 mai 1950 est la date de référence de la Formule 1, celle du premier Grand Prix de l'histoire de la discipline, sur le vieil aérodrome de Silverstone, en Grande-Bretagne. Cette course n'est que l'aboutissement de plusieurs décennies de compétition.

Nous sommes en 1893, plus précisément le 19 décembre. La France se prépare à fêter Noël lorsque Pierre Giffard, journaliste du célèbre « Le Petit Journal », lance un concours de voitures sans chevaux, du 19 au 22 juillet de l'année suivante, avec un droit d'entrée de 10 francs. L'appel est un succès puisque 102 inscriptions sont enregistrées.

Le journaliste ne laisse rien au hasard puisqu'un règlement est publié le lendemain de l'appel. Il stipule notamment que le concours est international, que tous les genres de propulseurs sont admis (on parle à l'époque de la vapeur, du pétrole, du gaz ou même de l'électricité) mais que la voiture doit comporter au moins quatre places. Cette dernière condition sera modifiée par la suite, autorisant les voitures à deux places au minimum. Mais seules celles à quatre places pourront remporter le premier prix.

Le premier prix, d'un montant de 5 000 francs, est attribué selon les critères suivants : « *être sans danger, aisément maniable pour les voyageurs et de ne pas coûter trop cher sur la route* ».

Le déroulé est précis, avec l'exposition des voitures le mercredi 18 juillet 1894, à Neuilly-sur-Seine. Dès le lendemain débutent les épreuves éliminatoires. Sur les 102 inscriptions, seules 46 voitures sont en mesure de prendre le départ. Cinq itinéraires sont prévus. Tous partent devant le restaurant Gillet à la Porte Maillot, mais l'arrivée se fait soit à Mantes-la-Jolie, soit à Rambouillet, soit à Corbeil-Essonne ou à Précy-sur-Oise. Entre le 19 et le 21 juillet, seules 25 voitures prennent le départ des épreuves éliminatoires.

Vingt-et-une d'entre elles sont qualifiées pour la grande course du dimanche 22 juillet, reliant Paris à Rouen. Il est 7h55 à la Porte Maillot quand la première voiture prend le départ des 126 kilomètres reliant les deux villes. Certaines voitures abandonnent à cause de l'état rustique des routes. Le premier à rejoindre le Champ-de-Mars de Rouen est le Comte Jules de Dion, à 17h40. Le dix-septième et dernier, Ernest Archdeacon, arrive à 22h10.

Cependant, malgré sa victoire, le Comte Jules de Dion n'est pas le gagnant du premier prix. Les 5 000 francs sont partagés entre Panhard et Levassor et les fils de Peugeot frères. De Dion, Bouton et Cie est classé deuxième, ce qui provoque la fureur du Comte. Le jury a estimé peu pratique la présence nécessaire d'un chauffeur pour alimenter la machine en charbon.

Le premier Grand Prix de l'histoire n'est pas celui auquel on pense. De nombreuses sources mettent en lumière la course qui eut lieu lors de la « Semaine de Pau » en 1900. Le baron franco-belge René de Knyff remporte l'épreuve principale courue sur le Circuit du Sud-Ouest (une boucle de 340 kilomètres allant de Pau à Bayonne et retour à Pau). A cette occasion, il remporte le Grand Prix de

Pau. C'est la première fois que ce terme apparaît dans le monde des courses automobiles. L'année suivante naît le « Grand Prix du Sud-Ouest ».

Cependant, le premier Grand Prix officiel est organisé par l'Automobile Club de France (ACF) les 26 et 27 juin 1906, sur le circuit du Mans, dans la Sarthe. Courue sur un circuit fermé à la suite des nombreux accidents survenus lors du Paris-Madrid de 1903, les pilotes ont dû parcourir une distance de 103,18 kilomètres, à faire à douze reprises. Les concurrents partent de l'extérieur du village de Montfort. Le circuit, en forme de triangle, va jusqu'au Mans avant de rejoindre Saint-Calais en passant par Bouloire. Puis, les pilotes rejoignent La Ferté-Bernard, en traversant Vibraye. Enfin, ils repartent vers Montfort en passant par Connerré.

Cette course s'inspire de la Coupe automobile Gordon Bennett. Cependant, les constructeurs britanniques et américains boudent l'événement, soupçonnant qu'il ne s'agisse que d'une propagande pour l'industrie automobile française.

Trente-quatre pilotes sont inscrits pour cette grande course qui se déroule sur deux jours. Fernand Gabriel, pilote de la Lorraine-Dietrich, est le premier concurrent à prendre le départ mais il cale sur la ligne. Il parvient à repartir plus tard. A la fin de la première journée, Ferenc Szisz, pilote Renault équipé de Michelin, dispose d'une solide avance (26 minutes) sur Albert Clément, pilote Clément-Bayard. Cette première journée est éprouvante pour les pilotes. Le soleil surplombe le tracé, la température atteignant presque les 50°C. Le goudron commence à fondre et devient problématique pour les pilotes. Beaucoup souffrent des yeux ou de diverses brûlures.

Le lendemain, les pilotes repartent avec l'avance qu'ils ont acquise. Le pilote Renault part à 5h45 du matin, Albert Clément à 6h11 et Felice Nazzaro à 6h26. Malgré une casse de la suspension du train arrière, Ferenc Szisz remporte l'épreuve. Son écart avec la Fiat de Felice Nazzaro est de 32 minutes. Il n'y aura que onze pilotes à l'arrivée, le dernier étant la Mercedes de Mariaux.

La naissance de la Formule 1 a lieu après la Seconde Guerre Mondiale. En 1946, la Commission Sportive Internationale (CSI) de la Fédération Internationale de l'Automobile (FIA) définit le règlement de la première catégorie de courses de monoplaces. A cette époque, on ne parle pas encore de F1 mais de Formule A. Deux catégories de voitures peuvent y participer, à savoir les 1 500 cm3 suralimentées ou les 4 500 cm3 non suralimentées. La distance de course est également réduite de 500 kilomètres à 300 kilomètres.

Ce règlement entre en vigueur l'année suivante, en 1947. Mais le Championnat du Monde n'est pas encore créé. La première course courue selon les règles de la F1 serait celle de Pau, où Nello Pagani s'impose avec sa Maserati. Jusqu'en 1949, plusieurs courses sont organisées entre le début du printemps et la fin de l'automne. Les voitures italiennes se montrent difficiles à battre tandis que certains pilotes se révèlent comme Alberto Ascari ou Juan Manuel Fangio.

C'est en 1950 que la Formule A devient la Formule 1 et que le premier

Championnat du Monde des pilotes voit le jour. La FIA a voulu répondre à la Fédération Internationale du Motocyclisme (FIM), qui a lancé son premier Championnat du Monde des pilotes l'année précédente. La première course de deux-roues a lieu sur l'Isle de Man, à l'occasion du Tourist Trophy et compte six épreuves, toutes en Europe.

Les courses de F1 se courent majoritairement en Europe. La première a lieu sur l'ancien aérodrome militaire de Silverstone, en Grande-Bretagne, le 13 mai 1950. Le Grand Prix de Monaco est la deuxième épreuve du premier Championnat du Monde. La 34e édition des 500 Miles d'Indianapolis intègre le calendrier. Cependant, aucun pilote régulier de la saison ne participe à l'épreuve américaine sur ovale. Suivent la Suisse, la Belgique et le circuit de Spa-Francorchamps, la France à Reims-Gueux et l'épreuve finale à Monza en Italie.

La grille est principalement composée de voitures italiennes et françaises. Alfa Romeo, Maserati et Ferrari. Cette dernière a refusé de participer à la première course de l'histoire de la F1. Enzo Ferrari n'était pas satisfait de la somme versée par les organisateurs britanniques pour participer à la course, mais aussi en raison de divergences avec l'organisation de la course et notamment le manque d'intérêt à ce moment-là pour un championnat structuré. Les automobiles italiennes se battent contre Simca Gordini ou encore Talbot-Lago. Le reste du plateau est composé des constructeurs britanniques ERA et Alta Car mais aussi de nombreuses voitures privées. On peut citer parmi elles la surprenante Ferrari propulsée par un moteur Jaguar de Clemente Biondetti, engagée lors de l'épreuve italienne.

3
L'ENGAGEMENT DES CONSTRUCTEURS

MICROCOSME DE LA FORMULE 1

Le premier Championnat du Monde a lieu au lendemain de la Seconde Guerre Mondiale, qui s'est déroulée entre 1939 et 1945. Durant les cinq années entre l'Armistice et la première course sur le circuit de Silverstone, en Grande-Bretagne, l'industrie se relance, et celle de l'automobile connaît un grand essor. La production mondiale atteignait plusieurs millions de véhicules en 1950.

La première course du Championnat du Monde de F1 attire cinq constructeurs, à savoir Alfa Romeo, Maserati, ERA, Alta et Talbot-Lago. Ferrari rejoint la grille lors du Grand Prix suivant, à Monaco, tout comme Simca-Gordini.

De nos jours, Ferrari est l'unique constructeur encore présent sur la grille. Alfa Romeo a quitté la F1 après deux saisons. En effet, l'Istituto per la Ricostruzione Industriale, société détenant la marque, n'a pas accepté la décision du gouvernement italien de ne pas allouer de fonds pour la conception d'une nouvelle voiture. La marque italienne fait une apparition dans les années 1980 avant de renommer l'équipe Sauber entre 2019 et 2023 ; Maserati a abandonné son équipe à la fin des années 1950 en raison de problèmes financiers, et a motorisé Cooper jusqu'en 1969 ; Talbot-Lago a été cédé à SIMCA alors que Gordini a rejoint le giron Renault. Enfin, les deux marques outre-Manche ont disparu.

Par la suite, l'attrait de la F1 se fait sentir. De nombreux constructeurs s'engagent ponctuellement ou sur le long terme.

Dès 1951, British Racing Motors (BRM) rejoint timidement la grille avant de s'engager pleinement dès 1958. On peut également citer Vanwall, autre constructeur britannique à avoir couru en F1. Cette dernière a été fondée par Tony Vandervell, qui possédait sa propre entreprise de fabrication de roulements. Premier investisseur de BRM, Tony Vandervell décide de se dissocier du projet, géré par Raymond Mays. Dès 1954, il engage Vanwall sur la grille. La marque britannique s'engage pleinement qu'à partir de la saison 1958.

Mercedes est le premier grand constructeur allemand à investir dans une équipe d'usine depuis la Seconde Guerre Mondiale. La marque à l'étoile lance sa W196 lors du Grand Prix de France 1954, avant de se retirer une année plus tard, suite au drame des 24 Heures du Mans 1955, où le pilote du constructeur allemand Pierre Levegh et 83 spectateurs ont été tués. Avant Mercedes, BMW s'est engagée comme équipe privée tandis que Veritas a inscrit des voitures lors des Grands Prix allemands.

Il n'y a pas que les constructeurs automobiles qui ont rejoint le Championnat du Monde de F1. Les équipes privées, qui sont surnommées affectueusement les « garagistes », étaient souvent dirigées par des passionnés ou d'anciens pilotes. Elles deviennent progressivement des constructeurs de châssis. Parmi les premières, on peut citer Cooper mais aussi Lotus. Des pilotes ont choisi de se lancer dans l'aventure F1 en devenant des constructeurs, comme cela a été le cas par exemple pour Jack Brabham, Champion du Monde 1959 et 1960, avant d'être titré au volant de sa monoplace en 1966.

Qu'est-ce qu'un constructeur en F1 ?

Durant les premières années de l'existence de la F1, les constructeurs sont relégués au second plan, mettant en avant la performance des pilotes. Cette injustice est rétablie en 1958, avec la création, dans un premier temps, de la Coupe Internationale des Constructeurs de F1, puis du Championnat du Monde des Constructeurs comme nous le connaissons à partir de 1981. La première édition est remportée par Vanwall devant la Scuderia Ferrari.

Entre 1950 et 2026, 169 constructeurs se sont engagés au moins sur un Grand Prix de F1, avec une certaine diversité. En effet, en piste, se sont affrontés des constructeurs automobiles reconnus, des équipes construites par des passionnés, des équipes rattachées à une marque, et bien d'autres encore. Il y a eu une grande variété d'équipes présentes au cours des 75 dernières années.

Avant de faire une liste non exhaustive, l'article 6.3 du règlement sportif de la FIA définit le constructeur comme tel : « *Un constructeur est la personne (y compris toute personne morale ou non) qui conçoit les composants répertoriés comme définis par l'article 17 du règlement technique* ». Le nom du constructeur de châssis est placé avant celui du motoriste, si les deux entités sont différentes.

Depuis 1981, un constructeur doit engager un châssis dont il a la propriété intellectuelle, mettant fin à une tendance observée dans les années 1960 et 1970, où certains constructeurs vendaient leur monoplace à des équipes privées. Cependant, après cette date, certaines équipes ont pu être vues avec des monoplaces identiques, construites par des prestataires externes comme Lola ou Dallara.

Au cours des dernières décennies, de nombreuses équipes ont été accusées d'utiliser une monoplace construite par un autre constructeur. Le premier grand cas de ce type a opposé l'équipe Arrows, dont c'était la première saison, à l'équipe Shadow en 1978. La FA/1 a été reconnue comme étant une copie de la DN9 et a été interdite de compétition par la Haute Cour de Londres. Parmi les autres cas, il y a eu Ligier avec Benetton en 1995, Sauber avec Ferrari en 2004, Toro Rosso avec Red Bull en 2006 et 2007 ou encore Super Aguri avec Honda en 2007 et 2008. Ces derniers cas n'ont pas été jugés comme enfreignant le règlement.

Les différents constructeurs de la F1

Comme évoqué en amont, la F1 a connu une grande diversité de constructeurs au cours de son histoire. Si les industriels de l'automobile ont pris une place importante aux débuts du Championnat du Monde, les équipes privées ont peu à peu gagné du terrain, jusqu'à battre les grands constructeurs automobiles.

La première victoire d'une écurie indépendante n'est autre que celle obtenue par une voiture lancée par Charles Cooper et dessinée par Owen Maddock, lors de la saison 1959. A son volant, on retrouve Jack Brabham, lui-même Champion du Monde de F1 la même année. Ont suivi sur cette liste Lotus, Brabham (qui reste la seule équipe à avoir remporté un Championnat du Monde avec son fondateur au volant d'une de ses monoplaces), Matra (l'équipe française utilisait un moteur Ford avant de construire son propre bloc), Tyrrell, McLaren, Williams, Benetton, Brawn GP et Red Bull.

Nombreux ont été les constructeurs à s'essayer à la F1, avec plus ou moins de succès. Si on prend en compte les trois dernières décennies, 20 constructeurs ont disparu. Parmi eux, on retrouve des « vieux de la vieille » comme Lotus, Brabham ou March, ou des nouveaux arrivants qui n'ont pas eu le loisir de poursuivre l'aventure comme Forti Corse ou HRT.

Certains ont pu vivre de multiples vies. C'est le cas de l'équipe fondée par Ken Tyrrell. Le nom du fondateur britannique disparaît en 1999 pour laisser la place à British American Racing (BAR), équipe fondée par Craig Pollock et Adrian Reynard. Sept ans plus tard, BAR devient Honda F1 Racing Team avant de quitter brusquement la F1 à la fin de la saison 2008. Ross Brawn, alors directeur de l'équipe, reprend l'ensemble pour une saison 2009 mémorable, au cours de laquelle la jeune équipe Brawn Grand Prix remporte les deux titres, dès sa première participation. Mercedes, motoriste de la jeune équipe, reprend l'ensemble et lance son équipe d'usine.

Durant les trois dernières décennies, d'autres équipes, désormais disparues depuis, ont eu plusieurs identités. Ligier, équipe fondée en 1976, est devenue à partir de 1997 Prost Grand Prix, fondée par le seul Champion du Monde de F1 français, avant de s'éteindre avant le début de la saison 2002. Il y a eu le cas de l'équipe de Tony Fernandes, qui en quatre saisons a changé trois fois d'identité, tout comme l'équipe Manor au cours de ses six années d'existence.

En 2026, nombreuses sont les équipes à avoir connu plusieurs vies :
- Red Bull, équipe descendante de Stewart Grand Prix, devenue Jaguar avant son rachat pour une pièce symbolique.
- Racing Bulls, équipe aux multiples noms en F1 (Toro Rosso, AlphaTauri ou encore RB) depuis le rachat de Minardi.
- Alpine, héritière de Toleman, devenue successivement Benetton, Renault, Lotus puis à nouveau Renault.
- Aston Martin, née sur les bases de Jordan Grand Prix.
- Audi qui a repris l'activité de Sauber/Stake/Kick.

La crise économique et le départ des constructeurs automobiles

En 2008, une crise économique touche l'ensemble des pays. Causée dans un premier temps par l'histoire des « subprimes » et le krach des prêts immobiliers à risque contractés par les ménages à faibles revenus aux Etats-Unis, c'est la situation précaire des établissements bancaires du pays de l'Oncle Sam qui va plonger le monde entier dans une crise inédite depuis 1929. Nombreuses sont les banques à entrer en cessation de paiement. Lehman Brothers, banque d'investissements fondée en 1850, entre en faillite le 15 septembre 2008 et commence à bousculer l'équilibre financier planétaire.

La crise économique touche également l'industrie automobile, très sensible aux variations de la consommation. Aux Etats-Unis, General Motors (GM), premier constructeur automobile du pays, est proche de la faillite, avec 88 milliards de dollars de pertes cumulées en cinq ans.

Le 1er juin 2009, l'entreprise américaine se place sous la protection judiciaire du chapitre 11 de la loi sur les faillites, procédure permettant à une entreprise en difficultés financières de continuer à fonctionner normalement, tout en lui laissant le temps de chercher un accord avec ses créanciers. En échange d'une aide 50 milliards de dollars, GM voit l'Etat américain entrer dans son capital à hauteur de 60 %, ce qui en fait une entreprise nationalisée à ce moment précis.

Autre constructeur américain en difficulté, Chrysler connaît un nouveau coup dur. Pour rappel, la marque a été sauvée une première fois par l'Etat américain, via un prêt garanti, à la fin des années 1970, avant de s'associer à Mercedes-Benz en 1998, avant d'être cédée à Cerberus Capital Management en 2007. Le gouvernement fédéral apporte un soutien de 8 milliards de dollars pour 21 % du capital.

De son côté, la F1 n'est pas épargnée par cette crise. A la fin de l'année 2008, Honda annonce son retrait de la F1. « *Cette décision difficile a été prise à la lumière de la dégradation rapide de l'environnement dans le secteur de l'industrie automobile, due aux subprimes américaines, au resserrement du crédit et à la récession des économies mondiales* », déclarait Takeo Fukui, le président de Honda Motor, à l'époque. Il écarte par la même occasion la fourniture de moteurs à des équipes, dont celle qu'elle abandonne. Le constructeur japonais connaît une année 2008 compliquée, avec une baisse de ses ventes de 10,4 % à l'échelle mondiale et un recul de 16,5 % de son chiffre d'affaires.

La suite de l'histoire est connue. L'équipe est reprise par Ross Brawn et remporte le Championnat du Monde des pilotes avec Jenson Button et celui des constructeurs. L'équipe a pu profiter du développement de la monoplace entamé avec l'argent de Honda ainsi que de quelques notes venant de Super Aguri, équipe ayant cessé de courir après le Grand Prix d'Espagne 2008. Il y a également eu le budget pour la saison 2009 d'un montant de 234,47 millions de livres sterling.

Fin 2009, l'équipe est rachetée par la base britannique de Daimler (45,1 %) et par Aabar Investments (30 %) et devient officiellement Mercedes Grand Prix.

Un autre constructeur va délaisser la F1 à la fin de l'année 2009. Au lendemain du Grand Prix de Hongrie, BMW, qui roule avec l'équipe Sauber, annonce son retrait. « *Nous resterons fidèles au sport automobile mais nous le ferons dans des compétitions qui nous permettront de réaliser plus directement des transferts de technologie et d'effectuer davantage de synergies* », expliquait dans le communiqué de presse Norbert Reithofer, l'homme à la tête du constructeur allemand. D'après un analyste d'Unicredit, BMW allouait environ 200 millions d'euros au programme F1. Pour motiver cette décision, les chiffres ont aidé, avec un recul des ventes de 4,3 % des ventes en 2008 et une chute de 13 % au premier semestre 2009.

Seulement, le retrait de BMW va plonger l'équipe de Peter Sauber dans l'inconnu. En effet, le constructeur allemand n'a pas signé les nouveaux Accords Concorde et perd ainsi sa place sur la grille, prise par l'équipe montée par Tony Fernandes. Qadbak Investments se propose de reprendre la « coquille vide » mais les négociations s'enlisent. Le fondateur de l'équipe suisse reprend son équipe, profitant du retrait d'un autre constructeur pour s'engager sur la grille, avec le nom du constructeur allemand pour bénéficier des primes liées aux résultats de la saison 2009.

L'autre constructeur cité auparavant est Toyota. La marque japonaise a annoncé le lendemain de la fin de la saison 2009 qu'elle ne serait pas sur la grille l'année suivante. « *Toyota Motor Corporation (TMC) qui a vu sa participation en Formule 1 comme une contribution à la prospérité de la culture automobile, a dû faire face, en plus de la concurrence au sommet du sport automobile, aux changements économiques brutaux qui ont commencé l'an dernier. Toutefois, lorsque l'on considère les activités sportives de TMC l'an prochain et au-delà du point de vue global sur le moyen terme, face aux réalités économiques actuelles, TMC a décidé de se retirer de la F1* », expliquait le communiqué.

La situation du constructeur japonais était désastreuse. A la clôture de l'exercice le 31 mars 2009, Toyota a enregistré une perte de 3,3 milliards d'euros, avec une baisse de 21,9 % de son chiffre d'affaires.

La TF110 a été l'objet de nombreuses convoitises. Stefan Grand Prix, projet mené par Zoran Stefanović, homme d'affaires serbe, a tenté de racheter les deux monoplaces et les moteurs du constructeur japonais pour participer à la saison 2010. Mais sa candidature a été refusée par la FIA. HRT, engagée en F1 avec Dallara, a cherché à récupérer les monoplaces de la défunte équipe mais l'accord n'a pas été conclu.

Le jour où la F1 a raté l'expansion de sa grille

Au début de l'année 2009, la FIA lance un appel d'offres afin d'élargir la grille de la F1. Composée à l'époque de dix équipes, la FIA souhaite accueillir trois nouvelles équipes. Durant plusieurs semaines, une quinzaine de structures déposent leurs candidatures à la FIA. Parmi elles, on retrouve des noms d'équipes prestigieuses comme Prodrive, emmenée par David Richards, ancien directeur de Benetton et BAR ; Epsilon-Euskadi, emmenée par Joan Villadelprat, ancien de Benetton ; March ou encore Brabham. Parmi les autres candidats, on retrouve N.Technology, Lola Cars, Litespeed F3, Superfund ou Stefan Grand Prix.

Le 12 juin 2009, la FIA annonce avoir sélectionné Campos Meta, équipe créée par Adrian Campos, soutenue par l'agence de publicité Meta Image ; Manor Grand Prix, dirigée par John Booth et Nick Wirth, connu pour avoir été impliqué dans le projet Simtek mais aussi USF1 (le projet d'équipe voulu par Ken Anderson et Peter Windsor et soutenu par Chad Hurley, cofondateur de

YouTube).

Une équipe conteste le choix de la FIA : Stefan Grand Prix. Zoran Stefanović, l'homme derrière le projet, a déposé une plainte auprès de la Commission européenne, estimant que la sélection a été biaisée et que la FIA a choisi les équipes qui ont accepté de courir avec un moteur Cosworth. Il reproche à la FIA d'avoir choisi des structures qui ne sont pas de véritables constructeurs.

La grille 2010 est officiellement connue, avec 13 équipes annoncées au départ du premier Grand Prix de la saison. Coup de théâtre avec l'annonce du retrait de BMW annoncé le lendemain du Grand Prix de Hongrie. La place laissée vacante est offerte à 1Malaysia F1 Team, qui roulera sous le nom de Team Lotus. L'équipe dispose du soutien du gouvernement malaisien et d'un consortium d'entrepreneurs malaisiens.

Le départ annoncé par la suite de Toyota va faire revivre le projet Stefan Grand Prix. Cette dernière reprend les droits d'utilisation du châssis, de la boîte de vitesses et du moteur de 2010 du constructeur japonais. L'équipe engage également Mike Coughlan, l'un des hommes derrière l'affaire du Spygate, survenue en 2007. Mais rien n'y fait, le projet de Zoran Stefanović n'est pas retenu et Toyota récupère ses actifs.

Le 2 mars 2010, soit moins de deux semaines avant le début de la saison, le premier coup de tonnerre retentit sur les nouvelles équipes puisque la structure américaine USF1 jette officiellement l'éponge. Le projet porté par Ken Anderson et Peter Windsor a connu de nombreuses difficultés au cours de l'hiver 2009-2010, notamment d'un point de vue financier. Après avoir perdu le soutien de Chad Hurley et une tentative de rapprochement avortée avec Stefan Grand Prix, l'équipe a tenté de repousser son arrivée sur la grille d'une année, en vain.

12 équipes sont alors présentes sur la grille, dont trois nouvelles qui sont :
- Lotus F1 Team, l'équipe soutenue par la Malaisie ;
- HRT, l'équipe Campos Meta reprise par José Ramón Carabante, l'homme à la tête de Grupo Hispania, une société de gestion immobilière ;
- Virgin Racing, nouveau nom de Manor Grand Prix après le rachat par Richard Branson de 20 % de l'équipe.

Les nouvelles équipes souffrent face aux autres. Lors de la première séance qualificative, aucune de ces équipes ne parvient à se situer à moins de cinq secondes du meilleur temps de Sebastian Vettel. Pire, en prenant les temps réalisés lors des qualifications de la manche espagnole, sur le circuit de Barcelone, Lotus F1 Team, meilleure des trois équipes, n'est que trois secondes plus rapide que la pole position réalisée par Jules Bianchi en GP2.

Les trois équipes finissent la saison 2010, sans aucun point au compteur.

HRT

La première des trois à connaître des difficultés est HRT. L'équipe espagnole a conclu un accord avec Dallara pour la fourniture des châssis, qui est rompu en mai 2010, en raison du manque de performances de la monoplace. Par la suite, HRT va tenter de racheter les Toyota TF110 mais l'accord ne se fait pas, faute de paiement.

Le 4 juillet 2011, Thesan Capital, filiale de Nomura Group, prend une participation majoritaire au sein de l'équipe espagnole. Mais ce rachat n'aide pas l'équipe, qui reste au fond du peloton.

Le 1er décembre 2012, l'équipe HRT disparaît définitivement, n'ayant pas réglé les frais d'inscription pour la saison 2013. Pourtant, Thesan Capital affirmait être en discussions avec de nombreux repreneurs, certains venant du Moyen-Orient. Mais rien n'y fait. Les actifs de l'équipe sont cédés à Teo Martín.

Lotus F1 Team/Caterham F1 Team

L'équipe Lotus F1 Team, dirigée par Tony Fernandes, l'homme à la tête de nombreuses sociétés comme Tune Group ou AirAsia, s'est fait connaître pour l'utilisation d'un mythique nom de la grille. Lors de son arrivée en F1, l'équipe soutenue par la Malaisie obtient l'autorisation d'utiliser le nom «Lotus» de la part de Proton, propriétaire de Lotus Group, qui détient Lotus Cars. Mais en septembre 2010, ce dernier révoque la licence pour « *violations flagrantes et persistantes de la licence de l'équipe* ».

Dans le même temps, Tony Fernandes annonce avoir acheté les droits de Team Lotus Ventures Ltd, détenus par David Hunt, le frère de James Hunt. Celui-ci avait repris les actifs de l'écurie Lotus lors de sa liquidation en 1994, sans jamais parvenir à la relancer. Or, Lotus Cars ne l'entend pas ainsi et poursuit en justice Tony Fernandes, d'autant que Lotus Group annonce avoir acheté une participation dans l'équipe Renault F1, le groupe étant soutenu par la famille Chapman.

Le procès débute au cours de l'hiver 2011. Fin mai, la Haute Cour de Londres statue que Lotus Group était bien le seul détenteur du nom Lotus mais que Tony Fernandes pouvait utiliser le nom de Team Lotus en F1. Un accord est finalement trouvé à la fin de la saison 2011 entre les deux parties pour éviter une nouvelle saison avec quatre Lotus sur la grille. L'équipe de Tony Fernandes change de nom en 2012 et devient Caterham F1 Team, suite au rachat en avril 2011 par l'homme d'affaires malaisien de Caterham Cars, qui produit des répliques de Lotus Seven.

Mais cette nouvelle identité ne suffit pas à obtenir les résultats escomptés. Le 2 juillet 2014, l'équipe est vendue à un consortium d'investisseurs venus de Suisse et du Moyen-Orient. Seulement, quelques mois après, elle est placée sous administration judiciaire, sous le contrôle des administrateurs Smith & Williams. L'équipe rate les deux Grands Prix suivants et parvient à courir à Abu Dhabi grâce à un crowdfunding. Cette initiative, critiquée par le paddock, a permis de récolter 2,4 millions de livres sterling. Mais la manche finale de la saison 2014 sera la dernière de l'équipe aux voitures vertes.

Virgin Racing/Marussia F1 Team/Manor Racing

L'histoire de Virgin Racing a des similitudes avec celle de l'équipe de Tony Fernandes. Née Manor Grand Prix, l'équipe change de nom pour devenir Virgin Racing après l'entrée de Richard Branson au capital de l'équipe à hauteur de 20 %. Dès son arrivée en F1, l'équipe britannique apporte sa révolution, en étant la seule à créer une voiture uniquement à partir de la mécanique des fluides numérique ou en anglais Computational Fluid Dynamics (CFD), sous l'impulsion de son directeur technique Nick Wirth, connu pour avoir fondé l'équipe Simtek Grand Prix dans les années 1990.

Après une saison, Marussia Motors, constructeur russe, accepte de soutenir l'équipe en prenant une participation majoritaire. La saison 2011 marque surtout la rupture entre Virgin Racing et Nick Wirth. Dans la foulée, l'équipe britannique s'associe à McLaren Applied Technologies, lui permettant d'utiliser ses installations techniques, les simulateurs et la soufflerie.

En 2012, l'équipe devient officiellement Marussia F1 Team. Si les résultats ne sont toujours pas au rendez-vous, la structure britannique connaît son premier drame. Le 3 juillet, María de Villota essaie la monoplace sur l'aérodrome de Duxford pour des essais aérodynamiques en ligne droite. Elle s'écrase sur le hayon de la remorque de l'équipe et est gravement blessée. Elle perd son œil droit.

S'ensuit une autre saison loin des points, avant un changement en 2014. Exit Cosworth, qui a refusé de construire un moteur répondant à la nouvelle réglementation. Ferrari devient le motoriste de l'équipe britannique. Lors du Grand Prix de Monaco, Jules Bianchi offre les premiers points de l'équipe, et également les premiers d'une des trois nouvelles équipes de 2010. Il finit à la 8e place au drapeau à damier, avant d'être relégué d'une place suite à une pénalité de cinq secondes.

Mais le 5 octobre de la même année, Marussia F1 Team connaît un nouveau drame. Sur un circuit de Suzuka détrempé par le typhon Phanfone, Jules Bianchi percute une grue qui était en train de retirer la Sauber d'Adrian Sutil au virage 7. Le pilote français, inconscient, est emmené à l'hôpital. Victime d'un traumatisme crânien, le pilote décède le 17 juillet 2015.

Le 7 octobre 2014, l'équipe demande à la Haute Cour de Londres de désigner un administrateur. Cette annonce fait suite au retrait de Marussia. C'est la fin de Marussia F1 Team qui abandonne la saison 2014. FRP Advisory, administrateur de l'équipe, décide de vendre les actifs de l'équipe, qui ont attiré Gene Haas, dont l'équipe F1 était en cours de création. Les dettes de l'équipe sont estimées à 63,9 millions de livres sterling.

Cependant, l'équipe renaît de ses cendres. Le 19 février 2015, Manor Marussia F1 Team n'est plus sous administration et reçoit le soutien financier de Stephen

Fitzpatrick, à la tête de l'entreprise Ovo, spécialisée dans l'énergie. Après une saison de transition, sans le moindre point, Manor Racing est présente sur la grille 2016, quittant Ferrari pour rejoindre le giron Mercedes.

A la fin de la saison 2016, le propriétaire de l'équipe indique avoir trouvé un accord avec un nouvel investisseur. L'affaire ne va pas plus loin que ce simple accord, qui aurait été avec le père de Sean Gelael, Ricardo Gelael, à la tête de nombreuses sociétés en Indonésie, dont Jagonya Ayam, filiale de KFC en Indonésie.

Cependant, la société exploitant l'équipe Manor, Just Racing Services Limited, est placée sous administration, alors que Manor Grand Prix Racing, qui détient les droits de participation de l'équipe F1, ne l'est pas. Manor Racing disparaît de la grille quelques semaines avant le début de la saison 2017.

Les équipes qui n'ont pas tenté l'aventure F1

Dans l'histoire de la F1, des équipes se sont engagées sur la grille alors qu'elles venaient d'une catégorie inférieure. On peut citer Jordan, Pacific Racing, Forti Corse, ou encore Stewart (engagé sous le nom Paul Stewart Racing) qui ont fait le saut de la F3000 à la F1.

Cependant d'autres ont failli rejoindre la discipline majeure. En décembre 1995, Durango annonce son intention de rejoindre la F1 en 1997. Il faut attendre le 15 avril 1996 pour avoir plus d'informations sur le projet. Ivone Pinton assure que l'équipe va courir en F1 dès 1997. Le châssis est construit par SNPE, spécialiste du composite français. Ces derniers ont construit la Simtek S941, qui a couru la saison 1994 de F1. On parle d'un essai dès le mois de juin avec Christian Pescatori à son volant. Rappelons que Durango a financé la carrière du pilote italien. En mai, la signature d'un contrat avec le motoriste Hart se fait entendre. Seulement, rien ne vient les mois suivants. En août, l'équipe avoue des difficultés à conclure l'accord avec Hart et que le châssis est en attente. Finalement, l'équipe jette l'éponge quelques semaines plus tard.

En 2010, l'équipe retente sa chance en participant à l'appel de candidatures lancé par la FIA sous le nom de Villeneuve Racing, porté par le Champion du Monde 1997 Jacques Villeneuve. Le projet n'est pas retenu.

Jean-Paul Driot souhaite voir son équipe sur la grille de départ. Pour cela, DAMS s'associe avec Reynard, spécialiste des châssis. La conception du châssis est lente, en raison de moyens financiers plutôt restreints.

Au cours de l'hiver 1994-1995, l'équipe de Gérard Larousse est en difficultés économiques. Jean-Paul Driot propose alors un rapprochement entre les deux entités pour devenir Larousse-DAMS. Eric Bernard, revenu à la compétition en 1994 après deux saisons loin de la F1 et ancien pilote F3000 de DAMS, donne son accord pour piloter la voiture en 1995. Mais l'affaire n'avance pas et Jean-Paul Driot affirme clairement vouloir attendre la saison suivante. La voiture est prête à la fin de l'été 1995. Propulsée par un moteur Ford Cosworth V8, même si l'idée initiale était de mettre le moteur Mugen dans la voiture avant que les négociations n'aboutissent à rien. La seule voiture construite est pauvre en sponsors, n'arborant que le logo d'Elf. Cependant, la monocoque s'avère obsolète, ne respectant pas complètement le cahier des charges imposé.

Dans l'édition du journal Le Monde du 3 octobre 1995, le fondateur de l'équipe explique la démarche pour participer au championnat du monde de F1. « *Sur le plan administratif, c'est assez simple, il suffit de déposer un dossier à la Fédération internationale de l'automobile sept jours après le dernier grand prix de la saison et, surtout, un chèque de caution de 500 000 dollars (380 000 francs) que la FIA restitue si la nouvelle équipe dispute tous les Grands Prix de la saison pour laquelle elle s'est engagée* », déclarait-il.

Lors des essais au Castellet effectués début octobre 1995, la voiture n'est pas dans le rythme. Dans l'édition du journal Le Monde du 9 décembre 1995, Jean-Paul Driot déclare : « *Je veux vraiment essayer d'aller au bout. Aussi nous ne participerons pas au championnat de F3000 en 1996 afin de concentrer tous nos efforts sur la Formule 1 dans la perspective de 1997. Nous voulons poursuivre le développement de ce que l'on a déjà construit et dessiné, à savoir une monoplace et de nombreuses pièces. Et pour ce faire, je vais continuer les pourparlers avec mes commanditaires potentiels* », rappelant n'avoir que la moitié du budget nécessaire (à savoir 2,3 millions d'euros) pour se lancer.

L'équipe rate l'inscription pour la saison 1996, faute de moyens, tout comme celle la saison 1997, pour les mêmes motifs. Lorsqu'on l'interroge quelques années plus tard sur l'échec de son arrivée en F1, Driot se veut clair : « *Nous avions la voiture pour aller en Formule 1, mais pas le budget, insiste-t-il. DAMS aurait mis la clé sous la porte avant même la fin de la saison, avec beaucoup de dettes à rembourser* ».

En 2010, une autre équipe française souhaite se lancer en F1. ART Grand Prix, cofondée par Frédéric Vasseur et Nicolas Todt, annonce publiquement sa candidature pour rejoindre la F1 en 2011. « *Oui, nous avons fait une demande pour rejoindre le Championnat du Monde de Formule 1 en 2011. La demande devait être faite avant le 15 avril et la FIA devrait donner sa réponse le 1er juillet. Mais, d'ici là, nous devrons faire un dossier techniquement et financièrement plus complet* », déclarait à l'époque Frédéric Vasseur à Auto Hebdo.

L'équipe envisag un partenariat avec Toyota, qui a quitté la F1 une année plus tôt. Cependant, nul ne sait si le partenariat était privilégié ou uniquement prestataire de service dans l'aéro, ce qui obligeait l'équipe à chercher un autre prestataire pour l'ensemble moteur-boîte. Mais le projet est abandonné, faute de budget.

Enfin, Prema est un nom connu des formules de promotion. Sa réputation en fait un candidat idéal pour l'expansion de la grille voulue par la FIA en 2026. Interrogé par Formula Scout, René Rosin, directeur de l'équipe, assure qu'une arrivée en F1 n'est pas dans les plans de la structure italienne.

« *Je pense, c'est certain, que la F1 n'est pas dans nos plans. Même si la F1 est un rêve pour beaucoup, il faut toujours trouver un équilibre entre les aspects techniques et financiers. Et la F1 est actuellement très exigeante financièrement* », expliquait-il.

La F1, vitrine d'un constructeur automobile

La F1 moderne constitue une excellente vitrine pour les constructeurs automobiles qui choisissent de s'y engager, tant pour des raisons stratégiques que techniques et marketing.

La F1 est l'un des sports les plus suivis au monde, avec une audience globale dépassant le milliard de téléspectateurs. Son audience est renforcée par la diversité des supports de diffusion : télévision traditionnelle, plateformes de streaming, réseaux sociaux, contenus numériques et événements physiques. Depuis l'arrivée de Liberty Media en 2017, la discipline a considérablement modernisé sa communication, attirant un public plus jeune et plus connecté.

Avec plus de vingt courses par saison dans la quasi-totalité des continents, la discipline touche des marchés clés tels que l'Europe, l'Amérique du Nord, l'Asie et le Moyen-Orient. Cette dimension internationale permet aux marques d'assurer une exposition continue et homogène à l'échelle mondiale, ce qui est particulièrement précieux pour des constructeurs opérant sur des marchés très concurrentiels.

Les chiffres communiqués par Mercedes-AMG Petronas dans les comptes publiés en 2022 donnent une indication intéressante : la couverture télévisée représentant 15 % de l'ensemble des diffusions médiatiques de l'équipe génère à elle seule une équivalence publicitaire cumulée de 5,81 milliards de dollars pour ses partenaires et actionnaires, dont Daimler-Benz et INEOS.

La notion d'équivalence publicitaire permet de mesurer concrètement l'impact économique de cette exposition médiatique. Elle correspond au coût qu'une entreprise devrait théoriquement dépenser en publicité classique pour obtenir un niveau de visibilité équivalent à celui généré par sa présence en F1.

Ce montant illustre le retour sur investissement indirect que peut offrir la F1. Bien que les budgets engagés soient très élevés, les retombées médiatiques dépassent largement ce que des campagnes publicitaires traditionnelles pourraient offrir. La présence du logo, des couleurs et du nom du constructeur sur les monoplaces, les combinaisons, les podiums et les supports numériques permet une répétition massive du message de marque, sans saturation apparente auprès du public.

De plus, on apprend que la valeur de la marque Mercedes-Benz a atteint 56,1 milliards de dollars en 2021, selon une étude d'Interbrand, alors qu'elle n'était que de 31,9 milliards de dollars en 2013, bien avant la domination de l'équipe de F1.

Au-delà de l'aspect marketing, la F1 joue également un rôle fondamental en tant que laboratoire technologique. La discipline permet de développer et de tester des innovations de pointe dans des domaines clés tels que l'aérodynamique, les matériaux composites, l'électrification, l'hybridation des groupes motopropulseurs ou encore la gestion de l'énergie. Ces technologies, initialement conçues pour la compétition, peuvent ensuite être adaptées et transférées vers les véhicules de série, contribuant ainsi à l'amélioration des performances, de l'efficience énergétique et de la fiabilité des automobiles commercialisées.

Aujourd'hui, la neutralité carbone constitue l'un des enjeux majeurs de la F1 et de l'industrie automobile dans son ensemble. Inscrit au cœur de la stratégie globale de la discipline, l'objectif est d'atteindre une F1 neutre en carbone à l'horizon 2030. Dans ce contexte, la F1 devient un outil stratégique de recherche, d'innovation et de communication pour les constructeurs. Elle leur permet non seulement d'expérimenter des solutions technologiques durables, mais aussi d'anticiper les mutations profondes du secteur automobile et d'accompagner la transition énergétique de leurs gammes de véhicules, tout en conservant une image de performance et d'excellence technologique.

Le rebranding, courir sans propriété

Depuis quelques années, le rebranding est devenu une mode. Qu'est-ce que le rebranding ? C'est le fait pour une entreprise de modifier l'image de sa marque. Cela peut concerner le nom, le logo, les couleurs, le slogan ou la façon de communiquer. Le but est de donner une image plus moderne, plus cohérente avec ses valeurs ou plus attractive pour les consommateurs. Cependant, cela ne transfère pas le droit d'entrée en F1, qui est souvent détenu par une autre société.

Pour illustrer ce mécanisme, on peut prendre l'exemple d'Alfa Romeo et de Sauber. En 2019, l'écurie est officiellement engagée en F1 sous le nom d'Alfa Romeo Racing. Toutefois, malgré cette appellation, l'équipe demeure la propriété de Longbow Finance S.A., une société financière qui a repris l'écurie suisse en 2016. Le conseil d'administration de Longbow Finance S.A. comprend notamment Raymond J. Bär, petit-fils du fondateur de la banque Julius Baer, ainsi que Larry Pillard, lié au groupe suédois Tetra Pak.

Lors du rachat, Longbow Finance S.A. a fait le choix stratégique de conserver le nom Sauber. Cette décision s'explique principalement par le système des primes versées par la Formula One Management (FOM), lesquelles ne sont pas attribuées en cas de changement officiel de nom de l'équipe. Conserver l'identité juridique de Sauber permettait ainsi de conserver ces revenus.

Le nom Sauber conserve par ailleurs une place centrale en F1, puisqu'il détient le droit d'entrée de l'équipe au Championnat du Monde. En effet, Sauber Motorsport AG apparaît comme l'entité officiellement inscrite sur la liste des engagés pour la saison 2019, étant la société détentrice des droits nécessaires pour participer au Championnat du Monde. De plus, l'usine Sauber continue d'assurer la conception et la fabrication de la monoplace, confirmant la continuité structurelle de l'équipe malgré le changement de dénomination sportive.

4
BERNIE ECCLESTONE

MICROCOSME DE LA FORMULE 1

MICROCOSME DE LA FORMULE 1

Le 28 octobre 1930, Bernard Charles « Bernie » Ecclestone naît dans le Suffolk, en Grande-Bretagne. Très tôt, il se passionne pour les motos. Après la Seconde Guerre mondiale, il co-crée la concession Compton & Ecclestone avec Fred Compton, puis l'achète quelques mois plus tard, où il en fait l'une des concessions les plus importantes du Royaume-Uni.

En parallèle, il se lance dans la course automobile. Il dispute sa première course en Formule 3 en 1949. Il effectue quelques courses et a un accident sur le circuit de Brands Hatch, après une collision avec Bill Whitehouse qui le projette sur le parking public. Il quitte alors la compétition pour se concentrer sur le business et notamment le financement de prêts et l'immobilier.

En 1957, il fait son retour en compétition mais en tant que manager du pilote originaire du Pays de Galles Stuart Lewis-Evans. L'année suivante, parallèlement à la gestion de son ami, parti chez Vanwall, Bernie Ecclestone reprend l'équipe Connaught Engineering et tente de qualifier une monoplace lors du Grand Prix de Monaco, en vain. Il se retire ensuite de la F1 à la suite de l'accident fatal de Stuart Lewis-Evans durant le Grand Prix du Maroc 1958. Ce dernier, après que son moteur se soit grippé, s'est écrasé, la voiture prenant feu. Souffrant de multiples brûlures, il succombe à ses blessures six jours plus tard.

Le retour de Bernie Ecclestone dans le paddock de F1 se fait par l'intermédiaire de Roy Salvadori, lui-même pilote de F1. Le Britannique lui présente un jeune pilote autrichien engagé en Formule 2 : Jochen Rindt. Bernie Ecclestone accepte de s'occuper de lui. Il dira plus tard ne jamais avoir été son manager mais simplement un ami l'aidant autant que possible. Les deux hommes accèdent au pinacle de la monoplace, d'abord chez Cooper, avant un passage furtif chez Brabham et de rejoindre Lotus.

La saison 1970 est la meilleure de Jochen Rindt. Le pilote autrichien connaît un début de saison difficile avant de s'imposer sur le circuit de Monaco. A partir des Pays-Bas, il remporte quatre victoires consécutives qui le propulsent en tête du Championnat du Monde avec 20 points d'avance sur Jack Brabham. Malgré un abandon en Autriche, il conserve son avance en arrivant à Monza, où se déroule le Grand Prix d'Italie.

Lors des essais, la Lotus de Jochen Rindt percute le rail avant la Parabolica et la monoplace tournoie sur elle-même avant de se poser dans le sable, l'avant complètement détruit. Le pilote autrichien est inconscient à l'arrivée des commissaires, vraisemblablement tué par son harnais lui tranchant la gorge. Bernie Ecclestone accourt de la voie des stands pour rejoindre le lieu de l'accident. Malgré ses demandes incessantes sur l'état de santé de son ami, les visages restent fermés. C'est avec le casque de son ami qu'il va rejoindre le stand Lotus, attendant officiellement la déclaration du décès à l'hôpital de Milan, quelques heures après l'accident.

Jochen Rindt est et reste à ce jour le seul pilote Champion du Monde de F1 à titre posthume.

De Brabham à la direction de la F1

En 1971, Ron Tauranac, cofondateur de l'équipe Brabham (Motor Racing Developments), approche Bernie Ecclestone pour qu'il reprenne l'équipe de « Black Jack ». Il se murmure que la transaction se fait pour 100 000 livres sterling. La somme pour reprendre l'équipe fondée par Jack Brabham aurait dû être supérieure, selon le fils du Champion du Monde australien, dans une tribune en hommage à Ron Tauranac publiée dans Motorsport Magazine.

Celui qui deviendra « l'argentier de la F1 » entre officiellement dans le Circus en tant que propriétaire d'une équipe. Entre Ron Tauranac et Bernie Ecclestone, ce n'est pas l'entente et le premier cité quitte le navire à la fin de la saison 1972.

« Mister E » va rester propriétaire de l'équipe jusqu'à la fin de l'année 1988, avant de la céder à Alfa Romeo, qui la revend par la suite à Walter Brun, cofondateur d'EuroBrun. L'aventure Brabham, avec des partenaires comme Martini, Alfa Romeo, Parmalat, BMW, n'a pas été la seule. Il fonde également en 1974, aidé par Frank Williams, Colin Chapman, Teddy Mayer, Ken Tyrrell et Max Mosley, la Formula One Constructors Association (FOCA). S'ensuit une guerre contre la Fédération Internationale du Sport Automobile (FISA) et Jean-Marie Balestre. L'aboutissement n'est autre que les Accords Concorde, qui scellent la répartition du pouvoir entre la FOCA et la FISA.

En 1987, année de la signature de la deuxième version des Accords Concorde, Bernie Ecclestone quitte la direction de l'équipe Brabham et lance les sociétés qui vont gérer les droits TV ainsi que les paiements reçus des circuits. Parmi celles qui sont créées, on retrouve la Formula One Promotions and Administration (FOPA), qui n'est autre que le nouveau nom de Motor Racing Developments, entreprise qui détenait l'équipe Brabham. Il y a également la F.O.C.A. Administration (FOCA), devenue par la suite Formula One Administration (FOA), puis le 28 mai 1999 la Formula One Management (FOM).

En 1996, Bernie Ecclestone crée SLEC Holdings, dont le nom est un hommage à sa femme de l'époque Slavica Ecclestone. La structure détient les sociétés liées aux droits commerciaux de la F1.

En 1999, Morgan Grenfell Private Equity (MGPE) acquiert 12,5 % du capital de SLEC Holdings pour un montant de 234 millions de livres sterling. Hellman et Friedman LLC investit en février 2000 pour un montant de 625 millions de livres sterling. Les deux entités combinent leurs parts au capital, représentant 50 %, et forment Speed Investments. A peine deux mois plus tard, cette dernière est vendue à EM. TV pour la somme de 1,1 milliard de livres sterling. Le nouvel actionnaire obtient également une option pour acquérir 25 % de SLEC Holdings, actions appartenant à Bernie Ecclestone via sa société Bambino Trust.

Dans le même temps, la FIA accorde un bail de 100 ans sur les droits commerciaux de la F1 à SLEC Holdings, pour une somme avoisinant les 250 millions de livres sterling.

Pour EM. TV, l'investissement s'avère dommageable. L'action de l'entreprise chute et elle doit trouver un nouvel investisseur. Elle se tourne alors vers Leo Kirch, propriétaire de KirchGruppe et Kirch Beteiligung. Ce dernier rachète 49 % de Speed Investments (36,75 % de SLEC) et exerce également l'option des 25 %. Par la suite, Leo Kirch acquiert le reste des actions de Speed Investment dans le cadre d'un échange d'actifs avec EM.TV. Pour financer cela, Kirch Beteiligung a emprunté 1,6 milliard d'euros, soit 1 milliard d'euros à la Bayerische Landesbank (BayernLB) et le reste à Lehman Brothers et JPMorgan Chase.

En juin 2002, l'univers de Leo Kirch s'effondre. KirchMedia et KirchPayTV déposent le bilan, tout comme Kirch Beteiligung. Les parts détenues par cette dernière dans SLEC Holdings reviennent aux trois banques, selon la répartition suivante :

- 62,2 % pour la Bayerische Landesbank
- 18,9 % pour Lehman Brothers
- 18,9 % pour JP Morgan Chase

En novembre 2005, CVC Capital Partners Group (CVC) annonce son intention de prendre une participation dans la F1. L'entreprise n'est pas inconnue des sports mécaniques puisqu'elle détient Dorna Promoción del Deporte SA. (Dorna), qui détient notamment les droits commerciaux du MotoGP. Elle a dû céder l'entreprise espagnole dans le cadre de l'acquisition des droits commerciaux de la F1.

CVC rachète ainsi 100 % des actions de Speed Investment et par la même occasion les 25 % détenus par Bambino Trust. Pour cela, CVC crée deux sociétés : Alpha Prema UK, filiale d'Alpha Topco.

Au cours des années CVC Capital Partners, le montage a été le suivant : Delta Topco est la société qui détient Alpha Topco, basée à Jersey. Cette dernière détient Delta 2, présente au Luxembourg. Celle-ci détient Delta 3, qui détient elle-même Alpha D2. La dernière société de ce maillon est Alpha Prema.

Concernant l'actionnariat de Delta Topco, première société du montage allant jusqu'à la F1, le capital est réparti de la manière suivante :

- CVC Capital Partners détient 63,3 % ;
- LBI Group Inc (appartenant à Lehman Brothers) détient 15,3 % ;
- Bambino Trust détient 8,5 % tandis que Bernie Ecclestone détient 5,3 % ;
- Le reste de l'actionnariat se décompose de la manière suivante :
    - JP Morgan Whitefriars Inc détient 3 % ;
    - Churchill Capital Ltd détient 0,7 % ;
    - le reste est réparti entre les salariés ou dirigeants, à savoir Patrick McNally (1 %), Duncan Llowarch et Sacha Woodward Hill (chacun 0,8 %), Judith Griggs (0,5 %) et Peter Brabeck-Letmathe et Sir Martin Sorrell (chacun 0,25 %).

En 2012, le Formula One Group envisage une introduction en bourse à Singapour. Il est envisagé une cotation allant jusqu'à 30 % du capital, la majeure partie provenant des actions détenues par les créanciers de Lehman Brothers en faillite. Le reste vient de celles détenues par CVC Capital Partners.

En mai 2012, le CVC Capital Partners cède 21 % de ses actions à Waddell & Reed, Norges Bank et BlackRock, pour un montant de 1,6 milliard de dollars. Un mois plus tard, Waddell & Reed achète seule des actions de la Delta Topco pour 500 millions de dollars. Cela porte à 20,9 % les parts détenues par Waddell & Reed, tandis que Norges Bank détient 4,4 % et BlackRock 3 %. De son côté, le CVC Capital Partners détient 34,6 %.

Le Formula One Group est détenu par SLEC Holdings, elle-même détenue indirectement par Delta Topco. D'autres sociétés gravitent autour de cet ensemble, à savoir Formula One World Championship (FOWC), qui détient les droits commerciaux de la F1 depuis 2011. Cette dernière a succédé à la Formula One Administration (FOA), qui a contrôlé les droits commerciaux de la F1 de 1996 à 2010. Il y a également la Formula One Licensing, basée aux Pays-Bas, qui détient la propriété des marques déposées par la F1. La Formula One Management (FOM) s'occupe des droits de diffusion, dont elle assure la production du flux, ainsi que de l'organisation et de la promotion de la F1.

A côté de cela, il y a également la société basée en Suisse qui gère les publicités présentes sur le bord de la piste et le Paddock Club, nommée Allsport Management.

Enfin, Formula Motorsport est acquise par le CVC en 2007 et gère notamment les championnats FIA F2, FIA F3 ainsi que la F1 Academy.

Le 7 septembre 2016, Liberty Media prend une participation minoritaire de 18,7 % dans Delta Topco, avant d'en prendre totalement le contrôle le 23 janvier 2017.

5
LIBERTY MEDIA

MICROCOSME DE LA FORMULE 1

MICROCOSME DE LA FORMULE 1

Le 7 septembre 2016 marque le début d'une nouvelle ère pour la F1. Liberty Media Corporation (LMC), entreprise contrôlée par John Malone, acquiert la F1 en rachetant les actions de Delta Topco. Au moment de cette transaction, l'actionnariat de cette dernière se décomposait comme suit :

- CVC Capital Partners détenait 35,5 % ;
- Waddell & Reed détenait 21 % ;
- LBI Group Inc (une société de Lehman Brothers) détenait 15,3 % ;
- Bambino Holdings (une société de la famille Ecclestone) détenait 8,5 % ;
- Bernie Ecclestone détenait 5,3 % ;
- Norges Bank Investment Management avait 4 % ;
- JP Morgan Whitefriars Inc était propriétaire de 3 % ;
- BlackRock détenait 3 % ;
- Churchill Capital Ltd détenait 0,7 % ;
- le reste était réparti entre les salariés ou dirigeants de la manière suivante : Patrick McNally (1 %), Duncan Llowarch et Sacha Woodward Hill (chacun 0,8 %), Judith Griggs (0,5 %) et Peter Brabeck-Letmathe et Sir Martin Sorrell (chacun 0,25 %).

La transaction est évaluée à 8 milliards de dollars. Ce montant correspond à la valeur de la société calculée de la manière suivante : 4,6 milliards de dollars (capitalisation boursière) + 4,1 milliards de dollars (dette totale, à savoir les emprunts bancaires) − 624,4 millions de dollars (liquidités).

L'acquisition s'est faite en deux temps. Au moment de l'annonce initiale, LMC prend d'abord une participation minoritaire de 18,7 % de la F1 pour 746 millions de dollars (821 millions de dollars moins une décote de 75 millions de dollars qui sera remboursée par Liberty Media aux actionnaires vendeurs une fois l'acquisition finalisée). La seconde partie intervient le 23 janvier 2017, date à laquelle LMC devient l'actionnaire majoritaire de la F1.

Selon un article publié par Forbes, les anciens actionnaires de la F1 ont perçu les montants suivants (en millions de dollars) :

- CVC Capital Partners : 846,3
- Waddell & Reed : 407,1
- LBI Group Inc (une société de Lehman Brothers) : 282,5
- Bambino Holdings (une société de la famille Ecclestone) : 186
- Bernie Ecclestone : 59,9
- Norges Bank Investment Management : 3,1
- JP Morgan Whitefriars Inc : 73,1
- BlackRock : 82,2
- le reste : Patrick McNally (15,2), Duncan Llowarch (4,4) et Sacha Woodward Hill (5,4), Judith Griggs (8,2) et Sir Martin Sorrell (3,1).

Une acquisition sur trois ans

Contrairement à ce que l'on peut croire, ce rachat ne date pas de 2016 mais de plusieurs années auparavant. Comme l'a révélé Claire Atkinson, journaliste du New York Post, le 2 février 2014, John Malone, par le biais de Liberty Media, souhaitait prendre une participation minoritaire dans la F1. Il envisageait une prise de participation à hauteur de 49 % de la discipline.

Les premiers contacts remontent à septembre 2013, selon les informations de Christian Sylt, journaliste chez Forbes. Deux mois plus tard, un accord de confidentialité est conclu entre Liberty Media et CVC Capital Partners.

Les discussions vont se poursuivre jusqu'au dernier trimestre de l'année 2015. Le 28 octobre de cette année-là, Liberty Media et le CVC Capital Partners commencent à discuter de la structure d'un éventuel accord, en présence de la banque d'investissement Goldman Sachs. Trois jours plus tard, Liberty Media signe un accord avec Morgan Stanley afin d'être conseillée sur un éventuel rachat et d'accompagner l'entreprise américaine dans le processus d'évaluation.

C'est au début de l'année 2016 que la valeur de la F1 est évoquée, comprise entre 7,5 et 8 milliards de dollars.

Le 7 avril 2016, Liberty Media propose au CVC Capital Partners un projet de structure d'accord qui stipule qu'un pourcentage du montant offert pour la F1 viendrait sous la forme d'actions de Liberty Media. Neuf jours plus tard, CVC Capital Partners répond, en stipulant ses conditions de gouvernance, avec la nomination d'un des directeurs au conseil d'administration de Liberty Media et l'arrivée au capital du Formula One Group une fois l'accord conclu.

Jusqu'au 6 juillet 2016, les différentes parties discutent des conditions de l'accord, avant la signature d'un nouvel accord de confidentialité, remplaçant le premier signé.

Cinq jours plus tard, Liberty Media avance que la valeur de la F1 est de 8 milliards de dollars. Le 15 juillet 2016, l'actionnaire de la F1 propose au futur acquéreur un rachat de 20 % de la F1 contre du cash, suivi d'un rachat complet dans un second temps.

Jusqu'à la signature du compromis d'achat et de vente, les différentes parties ont travaillé sur plusieurs versions des documents relatifs à la transaction, avec une accélération des échanges dans la seconde partie du mois d'août.

Les compromis sont officiellement signés le 7 septembre 2016 au soir, heure américaine.

Une acquisition peu coûteuse pour Liberty Media

Sur les 4,6 milliards de dollars, qui correspondent à la valeur de Delta Topco, LMC a officiellement dépensé que 301 millions de dollars, selon la manière suivante, rapportée par Forbes :

- Emprunt de 445 millions de dollars en utilisant ses actions Time Warner ;

- Emprunt de 350 millions de dollars en utilisant ses actions Live Nation ;
- Emprunt de 450 millions de dollars ;
- Vente à sept fonds pour 1,55 milliard de dollars d'actions, avec un surplus de 56 millions de dollars offert aux vendeurs ;
- Les vendeurs conservent 56 millions de parts pour une valeur de 1,2 milliard de dollars ;
- Attribution pour 351 millions de dollars de lettres de change aux vendeurs échangeables en actions ou en espèces ;
- Sortie de sa trésorerie de 301 millions de dollars.

L'action FWONK était à 20,98 dollars au moment de l'annonce du rachat de la F1, le 7 septembre 2016. Au 31 décembre 2023, l'action est valorisée à 63,13 dollars, avant d'atteindre deux années plus tard une valeur par action de 98,51 dollars.

MICROCOSME DE LA FORMULE 1

Le cours de l'action FWONK depuis le rachat de la F1 par Liberty Media

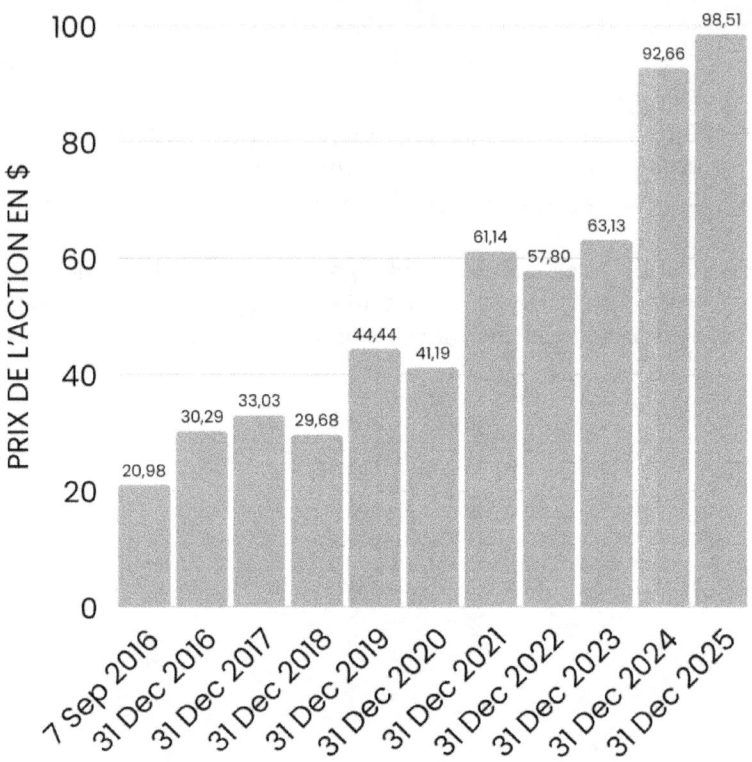

6
LA F1 ET LE MOTOGP

MICROCOSME DE LA FORMULE 1

L'histoire a souvent tenté d'entrelacer le MotoGP et la F1. Le premier Championnat du Monde de la discipline à deux-roues s'est tenu en 1949, une année avant la naissance de la F1. A plusieurs reprises, les deux catégories ont failli partager le même propriétaire.

Bernie Ecclestone, de la F1 au MotoGP

Bernie Ecclestone, ce n'est pas qu'une histoire de F1 ! L'homme d'affaires britannique a également convoité le Grand Prix Moto (renommé depuis MotoGP). En 1990, plusieurs entreprises, dont Bernie Ecclestone via Two Wheel Promotions (TWP), tentent d'obtenir les droits TV de la discipline. Rapidement, la Fédération Internationale du Motocyclisme (FIM) écarte la candidature de « Mister E », qui détient déjà les droits TV de la F1. La FIM déclare vouloir une entreprise capable de « *développer notre sport de manière indépendante* ». La Fédération choisit alors Dorna Promoción del Deporte, une société espagnole détenue par la banque Banesto. Carmelo Ezpeleta, ancien responsable du circuit de Jarama, est chargé de la gestion de la partie moto.

La relation entre la FIM et l'International Road Racing Teams Association (IRTA) n'est pas au beau fixe, tout comme celle entre la FIM et la FISA de Jean-Marie Balestre. Ce dernier refuse notamment toute manifestation dans les 30 jours avant un Grand Prix de F1.

Au milieu de cette turbulence, Bernie Ecclestone va chercher à en profiter, en s'alliant avec l'association des équipes. Il est suggéré la création d'un championnat parallèle, les « World Séries ». Un accord est signé entre l'IRTA et Bernie Ecclestone, retirant les Grands Prix du domaine de la FIM. Selon cet accord, l'Association se chargerait des réglementations sportives et techniques tandis que le détenteur des droits TV de la F1 s'occuperait des aspects commerciaux et financiers.

De nombreuses discussions vont avoir lieu au cours de l'année 1991. Un premier accord est trouvé entre la FIM, Dorna, TWP et l'IRTA. Chaque entité travaillerait dans le même sens et les tâches seraient réparties entre les parties intéressées. TWP et Dorna s'engagent à ne pas créer ou encourager des courses en dehors de l'autorité de la FIM. TWP demande également que le contrat entre la FIM et Dorna concernant les Grands Prix ne soit pas en conflit avec l'accord TWP/IRTA.

Le 15 novembre 1991, la donne change dans l'accord liant l'ensemble des parties. TWP et Dorna proposent un nouvel accord. Dans ce dernier, il est mentionné que TWP décide du pays, du circuit et de la date de la course. Aussi, le calendrier proposé, composé de 14 Grands Prix plus un Grand Prix supplémentaire pour une Fédération ne disposant pas d'un circuit, doit être ratifié par la FIM. Il prévoit aussi que le règlement est celui défini dans l'accord entre TWP, l'IRTA et les équipes et que le contrat signé entre la FIM et Dorna soit résilié avec effet immédiat.

Aucun calendrier n'est publié pour la saison 1992, la plupart des organisateurs n'étant pas en mesure de remplir les conditions imposées par Bernie Ecclestone. De leur côté, les constructeurs japonais insistent pour que la réglementation FIM soit appliquée aux Grands Prix, soulignant qu'ils ne fourniraient plus de machines si tel n'était pas le cas.

Au début de l'année 1992, le contrat entre la FIM et la joint-venture TWP-Dorna est signé.

« *Ce n'est pas ma personne préférée, mais sans Bernie, cela ne serait pas arrivé. Sans le pouvoir que Bernie avait et la capacité de négocier que Bernie avait, l'un dans l'autre, cela ne serait jamais arrivé. Je ne pense pas qu'il ait fait un coup rapide, je pense qu'il a vu les choses évoluer et qu'il a vu comment il pouvait en tirer profit. Et en même temps, il a rendu tout le monde heureux. La FIM a été payée pour des droits qu'elle n'avait jamais eus auparavant, six ou sept millions par an ou quelque chose comme ça, Dorna a obtenu les droits de télévision, ce qui était ce qu'elle recherchait, Bernie organisait les événements et nous avons obtenu beaucoup plus d'argent pour les équipes et le droit de définir les règles sportives et techniques. Tout le monde a été content* », déclarait à l'époque Mike Trimby, fondateur de l'IRTA.

En avril 1993, Bernie Ecclestone vend une participation majoritaire de TWP à Dorna pour la somme de 50 millions de dollars. Il reste cependant impliqué dans le Grand Prix Moto comme organisateur du Grand Prix d'Allemagne, sur le circuit de Hockenheim. Il se retrouve étranglé par son propre deal, visant à doubler le prix des billets pour accueillir une autre catégorie de spectateurs. A la fin de son contrat de cinq ans, il jette l'éponge.

CVC Capital Partners, l'abandon du MotoGP pour la F1

En juin 1998, CVC Capital Partners prend une participation dans Dorna Promoción del Deporte auprès de Banco Banesto pour une somme comprise entre 70 et 80 millions d'euros.

En novembre 2005, le fonds de capital-investissement continue ses investissements en reprenant la société qui détient les droits commerciaux de la F1.

Cependant, la Commission européenne de la concurrence approuve l'acquisition de la F1 à condition que le CVC Capital Partners cède sa participation dans Dorna Sports.

Selon la commissaire européenne à la concurrence Neelie Kroes, il n'y a pas de conflit concernant le régulateur de chacune des catégories (FIA pour la F1 et FIM pour le MotoGP), les partenaires, les équipes et constructeurs participant aux deux Championnats du Monde et les circuits utilisés par les deux disciplines. Ce qui inquiète Neelie Kroes, ce sont les droits télévisuels, comme elle l'indique dans une déclaration :

« *Lorsque les deux événements les plus populaires de l'Union européenne, la Formule 1 et le MotoGP, tombent entre les mains d'un seul propriétaire, il y a un risque d'augmentation des prix des droits de télévision sur ces événements et une réduction du choix pour le consommateur. Je suis convaincue que les engagements pris par CVC élimineront ce risque. »*

Rappelons qu'à l'époque, les Grands Prix F1 et MotoGP étaient diffusés en majorité sur des chaînes gratuites (en France, la F1 était diffusée sur TF1, chaîne gratuite, tandis que le MotoGP l'était sur Eurosport, chaîne disponible via le câble ou le satellite).

Suite à cette décision, l'entreprise luxembourgeoise cède Dorna Sports à Bridgepoint pour une somme avoisinant les 500 millions d'euros.

En 2018, le MotoGP et CVC Capital Partners sont de nouveau cités ensemble. Selon le journal économique britannique Financial Times, le fonds de capital-investissement s'intéresse au rachat de Dorna Sports, dont la valorisation serait d'environ un milliard d'euros. Cependant, la rumeur ne va pas plus loin et la société espagnole détentrice des droits commerciaux du MotoGP et du Superbike conserve son actionnariat.

Liberty Media, le MotoGP après la F1

En septembre 2016, Liberty Media rachète Delta Topco, la société détenant les droits commerciaux de la F1, une histoire que vous pouvez découvrir dans le chapitre sur l'entreprise américaine.

Mais cette acquisition ne leur suffit pas puisqu'en 2024, Liberty Media s'attaque au MotoGP, alors détenu par Bridgepoint à hauteur de 39 %, par le fonds public canadien CPP Investments à hauteur de 38 % et le reste par les employés de Dorna, dont une majorité détenue par Carmelo Ezpeleta et sa famille.

Après une information lancée par le journal économique Expansión peu avant le début du Championnat du Monde 2024, la confirmation a été faite le 1er avril de la même année.

Selon le communiqué de presse publié par Liberty Media, l'entreprise de John Malone acquiert 86 % du capital de Dorna Sports, attribués à l'actionnariat du Formula One Group (FWONK), les 14 % restants étant conservés par la direction actuelle de l'entreprise. La valorisation de la société détentrice des droits commerciaux du MotoGP ainsi que du Superbike, est estimée à 4,2 milliards d'euros. Quant au chiffre d'affaires, celui de 2022 est de 425 millions d'euros, soit cinq fois inférieur à celui de la F1.

Rappelons que Dorna Sports détient les droits du Superbike jusqu'en 2036 et du MotoGP jusqu'en 2041.

Au moment de l'annonce, cette dernière stipule que « *l'acquisition devrait être finalisée d'ici la fin de l'année 2024 et est soumise à l'obtention d'autorisations et d'approbations de la part des autorités chargées de la concurrence et des investissements étrangers dans diverses juridictions*». Rappelons que «*le droit européen de la concurrence interdit les accords restreignant la concurrence entre les entreprises, les abus de position dominante, certaines concentrations et acquisitions* ».

MICROCOSME DE LA FORMULE 1

Le 23 juin 2025, la Commission européenne « *autorise sans conditions [...] le projet d'acquisition de Dorna Sports par Liberty Media Corporation* ». Elle estime que « *la concentration ne poserait pas de problèmes de concurrence au sein de l'Espace économique européen* », jugeant également que la F1 et le MotoGP « *ne sont pas des concurrents proches* ». L'officialisation de la prise de participation a lieu le 4 juillet suivant.

L'acquisition a été financée par un prêt à terme d'un milliard de dollars (environ 900 millions d'euros) et le produit de l'émission d'actions FWONK en août 2024 (environ 800 millions d'euros). Le reste est financé par les liquidités disponibles au sein du Formula One Group, d'après le rapport de Liberty Media.

Selon le rapport publié par Liberty Media, Le MotoGP a généré 423 millions d'euros de revenu en 2024, contre 447 millions en 2023. Les autres revenus sont de 39 millions d'euros, ce qui représente un chiffre d'affaires total de 462 millions d'euros pour l'année 2024. La grande partie des revenus provient des droits TV (205 millions d'euros en 2024), qui proviennent majoritairement d'Europe (83 %). Les promoteurs ont versé un total de 135 millions d'euros en 2024, dont 53 % provenant de l'Europe, 23 % d'Asie, 7 % d'Amérique et 17 % du reste du monde. 83 millions d'euros ont été reçus de la part des sponsors. Les autres revenus correspondent à 39 millions d'euros.

Les coûts représentent la somme de 232 millions d'euros. Le paiement IRTA, qui correspond à la somme versée aux équipes, et le fret représentent environ la moitié de la somme. Le coût de l'organisation prend un tiers de la somme. La redevance donnée à la FIM est comprise entre 5 % et 10 % du total des coûts de l'année. Le reste concerne les autres championnats, comme le Superbike ou le MotoE.

Le résultat pour l'année 2024 est déficitaire de 12 millions d'euros, contre 28 millions en 2023, 8 millions en 2022 et 38 millions en 2021.

7
LES ACCORDS CONCORDE

MICROCOSME DE LA FORMULE 1

Les Accords Concorde doivent leur nom à la célèbre place située à Paris, où se trouve le siège de la FIA. Ils ont vu le jour en 1981 à l'issue d'un conflit opposant l'ancêtre de la FIA, la FISA et la FOCA, sous l'impulsion d'un certain Bernie Ecclestone.

Replaçons les faits dans leur contexte. Dans les années 1970, la F1 est dirigée par la Commission Sportive Internationale (CSI), organe de la Fédération dont le but est de légiférer sur les compétitions automobiles. En 1978, Jean-Marie Balestre est nommé à la tête du CSI.

L'homme est loin d'être un inconnu dans la compétition automobile. D'abord engagé dans la presse, où il écrit pour L'Auto, l'ancêtre de L'Equipe, il fonde l'Auto-Journal avec Robert Hersant en 1950. Neuf ans plus tard, Jean-Marie Balestre lance la Fédération nationale de karting, qui sert de tremplin pour rejoindre la FFSA (Fédération Française de Sport Automobile), dont il devient le secrétaire général à partir de 1968, puis le président dès 1973.

Son arrivée au CSI se fait sous le mandat de Pierre Ugueux, dont la présidence s'étend entre 1976 et 1978. Paul Alfons von Metternich est à la tête de la FISA. L'homme, surnommé « JMB », est connu pour être intransigeant. Il élabore un programme visant à reprendre le pouvoir en F1 face à une FOCA devenue puissante. Il prend la succession de Pierre Ugueux à la tête du CSI en 1978, qu'il renomme rapidement en FISA.

Dès son arrivée, Jean-Marie Balestre doit faire face à la puissance de la FOCA, dirigée par Bernie Ecclestone. Rapidement, il lance l'Association des Constructeurs de F1, réunissant les constructeurs privés de la discipline. Max Mosley (March), Frank Williams (Williams), Colin Chapman (Lotus), Teddy Mayer (McLaren) et Ken Tyrrell (Tyrrell) deviennent alors des figures clés de cette association.

F1 contre FOCA

Le début du conflit entre l'organe directeur de la F1 et l'association des constructeurs survient à la suite de l'interdiction de certaines innovations techniques. En 1978, l'équipe Lotus lance la révolutionnaire 79 développée à l'aide d'une soufflerie et de la conception assistée par ordinateur. La monoplace conçue par Martin Ogilvie avec l'aide de Colin Chapman, Peter Wright, Geoff Aldridge et Tony Rudd est considérée comme la première à pleinement exploiter l'effet de sol, grâce à l'utilisation de jupes fixes, puis coulissantes.

Peu après, la Brabham BT46 entre en scène. Cette monoplace, conçue par Gordon Murray, à qui on doit également la McLaren MP4/4, dispose de deux versions. C'est la seconde qui va faire parler puisqu'elle est équipée d'un ventilateur à l'arrière, destiné à améliorer l'effet de sol. La Brabham BT46B prend le départ du Grand Prix de Suède 1978, qu'elle remporte avec Niki Lauda au volant. La gronde monte au sein de certaines équipes, dont Lotus, qui porte réclamation auprès des commissaires. L'affaire est renvoyée vers la CSI. Mais les différents contrôles montrent qu'elle respecte le règlement en vigueur.

Néanmoins, la CSI décide d'interdire l'usage du ventilateur sur la monoplace pour les courses suivantes.

Depuis 1977, Renault a rejoint la grille de F1. Sa monoplace jaune est propulsée par un moteur turbo développé par Bernard Dudot. Les deux premières saisons ne sont pas glorieuses pour la marque française. Il faut attendre la RS10 pour que les résultats arrivent. Jean-Pierre Jabouille remporte le Grand Prix de France 1979, signant la première victoire d'un moteur turbo en F1. Les équipes privées, motorisées par un Cosworth devenu vieillissant, s'inquiètent. La FOCA cherche à déstabiliser l'apogée du turbo en F1 en demandant son interdiction. Mais Jean-Marie Balestre ne plie pas et rejette la demande de l'association des constructeurs.

Pire encore, la présentation de la réglementation technique de 1981 prévoit plusieurs mesures jugées impopulaires comme l'augmentation du poids des F1, le bannissement des jupes mobiles et la présence obligatoire des pilotes au briefing. En réaction, la FOCA monte au front et décide d'entamer des mesures de boycott. Les pilotes des équipes concernées boycottent les briefings d'avant-course, ce qui entraîne des sanctions. La FISA inflige une amende de 2 000 dollars pour la première infraction puis de 5 000 dollars pour la seconde.

Mais ce n'est pas le seul problème qui vient entacher les relations entre la FISA, la FOCA et les autres constructeurs que sont Ferrari, Alfa Romeo et Renault. L'aspect financier joue également un rôle important. En 1979, la FISA prend la responsabilité de la distribution des différentes primes, mais avertit que les organisateurs de Grands Prix refusent l'augmentation demandée par la FOCA pour compenser l'augmentation des coûts en F1. Bernie Ecclestone ne compte pas en rester là et décide de négocier lui-même avec certains organisateurs. Cette initiative n'est pas du goût de Jean-Marie Balestre, qui envisage d'interdire tout accord conclu entre un organisateur et la FOCA.

Au milieu de toutes ces tensions, intervient le Grand Prix d'Espagne de 1980, disputé sur le circuit de Jarama. Il s'agit de la 7e manche du Championnat du Monde de F1. Nelson Piquet, pilote Brabham, arrive en leader du classement des pilotes, avec un point d'avance sur René Arnoux, pilote Renault.

Les hostilités commencent dès le jeudi, par une conférence de presse tenue par Jean-Marie Balestre. Ce dernier explique avec clarté que les amendes devront être payées avant le début des essais le vendredi matin, sous peine de suspension. L'épreuve est même sous la menace d'un boycott des constructeurs « légalistes » que sont Renault, Ferrari et Alfa Romeo si les pilotes ne sont pas suspendus pour le Grand Prix d'Espagne.

Face à cette menace, l'organisateur du Grand Prix, inquiet, cherche une solution pour éviter une débâcle. Le RACE (Royal Automobile Club of Spain) propose alors de déposer la somme due en guise de caution auprès de la FISA, mais cette solution est catégoriquement refusée.

Le lendemain, le RACE décide de prendre les choses en main. Il refuse d'organiser la course sans les équipes membres de la FOCA, et choisit d'organiser sous sa responsabilité le Grand Prix d'Espagne. Cela signifie que l'événement n'est plus régi par les règles en vigueur de la FISA. Jean-Marie Balestre ne semble pas autorisé à pénétrer dans l'enceinte du circuit.

Les essais libres débutent avec deux heures et demie de retard mais sans les équipes « légalistes », à savoir Ferrari, Renault, Alfa Romeo et Osella. Ces dernières ne veulent pas prendre le risque de perdre leur licence auprès de la FISA, indispensable pour courir dans d'autres disciplines. Cependant, elles ne quittent pas le circuit, espérant une issue favorable. Les discussions du vendredi soir entre Jean-Marie Balestre et Bernie Ecclestone n'aboutissent à rien, chacun campant sur ses positions.

La journée du samedi commence par une réunion dans le motorhome de Brabham, réunissant la FOCA et les équipes « légalistes ». L'objectif de Bernie Ecclestone est de convaincre Ferrari de participer à la course, sachant qu'en découlerait la participation de Renault et Alfa Romeo, qui souhaitent conserver un front solide en cas de représailles de la FISA. Mais Ferrari, par la voix de Marco Piccinini, refuse de participer au Grand Prix. Ferrari, Renault et Alfa Romeo ne prennent pas le départ d'une course qui est finalement considérée comme hors Championnat du Monde et remportée par Alan Jones devant Jochen Mass et Elio de Angelis. Seules six monoplaces finissent le Grand Prix.

Au lendemain de ce Grand Prix controversé, Bernie Ecclestone parvient à empêcher une réunion prévue à Modène entre Enzo Ferrari, Jean-Marie Balestre et Colin Chapman. Cette réunion secrète aurait eu pour but d'écarter « Mister E » pour placer le fondateur de Lotus à la tête de la FOCA, tout en maintenant les jupes en F1.

En novembre 1980, alors que la saison s'est conclue par les titres d'Alan Jones et de Williams, Bernie Ecclestone et la FOCA créent la WFMS (World Federation of Motor Sport), organisme destiné à contrecarrer l'autorité de la FISA, notamment sur la F1. Cette provocation va mettre en délicatesse les circuits présents sur les deux calendriers. Jean-Marie Balestre décide de contre-attaquer. Il menace les circuits qui accueillent les deux Championnats du Monde d'annuler la licence internationale à celui qui hébergera un Grand Prix de la WFMS.

Sous l'impulsion d'Aleardo Buzzi, le directeur de Marlboro Europe, des discussions ont lieu entre l'homme qui dirige la FISA et celui qui est à la tête de la FOCA. Le plus puissant des sponsors de la F1 se retrouve entre les deux camps puisqu'il sponsorise McLaren, engagée avec l'association des constructeurs mais aussi avec Alfa Romeo qui est du côté de la Fédération. Au moment des discussions, Max Mosley obtient de la Haute Cour de Londres une interdiction empêchant la FISA d'intervenir dans les contrats liant les organisateurs et la FOCA.

Le 20 janvier 1981 à Modène, Jean-Marie Balestre convoque alors l'ensemble des équipes de la grille, à savoir les « légalistes » et celles soutenant la FOCA. Il tente un coup de maître en proposant une nouvelle répartition des pouvoirs. La

FISA conserve l'autorité sportive, ce qui lui permet de gérer les aspects techniques de la F1. Cela signifie la suppression des jupes et une montée en puissance des moteurs turbo. Pour la FOCA, c'est le pouvoir économique qui est proposé. Bernie Ecclestone semble ouvert à cette proposition mais aucun accord n'est trouvé.

Le Grand Prix d'Afrique du Sud, prévu le 7 février 1981, devient une victime collatérale de la guerre entre la FISA et la FOCA. Dans un télex du 9 janvier 1981, la FISA impose la date du 11 avril pour que l'épreuve figure au Championnat du Monde de F1. Cela ne convient pas aux organisateurs, qui mettent en lumière les risques météorologiques. Mais ce n'est pas la seule raison. La promotion du Grand Prix a commencé, avec des affiches distribuées avec la date initiale, et Nashua, sponsor de l'événement, a signé un contrat pour un Grand Prix début février. Curieusement, le même télex autorise l'Afrique du Sud à accueillir le Grand Prix de la WFMS à la date prévue, en application de l'article 237 du « Livre jaune » de la FISA.

Dans le même temps, l'Argentine perd temporairement sa course. La raison invoquée est la sécurité, une justification qui surprend les organisateurs de la course de Buenos Aires. Elle est finalement réintégrée au calendrier le 11 avril.

Le Grand Prix de Kyalami a finalement lieu à la date initiale mais n'est plus une course du Championnat du Monde de la FISA. Seules les monoplaces de la FOCA sont inscrites, ce qui exclut Renault, Ferrari, Talbot-Ligier, Osella, Toleman et Alfa Romeo. Toutes les monoplaces sont équipées de jupes, ce qui est interdit par le règlement de la FISA mais pas celui de la FOCA. Concernant les pneus, Goodyear ne peut pas fournir les équipes présentes en Afrique du Sud, ayant un contrat de fournisseur avec la F1. Pour remédier à ce problème, l'International Racing Tyre Service fournit les pneus normalement utilisés par le championnat Aurora AFX. Le seul hic à cette allocation est le nombre de trains de pneus pluie. Chaque pilote dispose uniquement d'un jeu et les conditions climatiques n'aident pas, puisque les premiers essais ont lieu sous la pluie. La course débute également sur une piste détrempée.

Nelson Piquet décroche la pole position au volant de la Brabham dont le propriétaire Bernie Ecclestone n'a pas daigné faire le déplacement. Le pilote brésilien devance la Williams de Carlos Reutemann, le Champion du Monde en titre Alan Jones et la Copersucar de Keke Rosberg. La victoire revient au pilote argentin de l'équipe de Frank Williams devant le poleman et la Lotus d'Elio de Angelis.

L'absence de Bernie Ecclestone n'est pas anodine. L'événement est tout simplement un fiasco. L'ensemble des médias, que ce soit la presse écrite, la radio ou même la télévision, boude cette course.

Malgré cet échec, la détermination de Bernie Ecclestone est prise au sérieux. Un homme va prendre les choses en main, afin d'éviter deux Championnats du Monde : Enzo Ferrari. « Il Commendatore » demande de nouveau à Aleardo Buzzi de négocier la paix entre la FISA et la FOCA.

Le 4 mars 1981, la Convention de la Concorde est signée à proximité du siège de la FIA, place de la Concorde à Paris. Cela marque la fin de la guerre entre la FISA et la FOCA. Cette convention reconnaît le pouvoir sportif de la FISA et signe par la même occasion la fin des jupes coulissantes. De son côté, la FOCA obtient le pouvoir économique de la discipline. Bernie Ecclestone peut désormais négocier avec les organisateurs d'un Grand Prix pour rejoindre le calendrier mais aussi avec les diffuseurs télévisuels, un marché en plein essor à ce moment précis. En échange, la FOCA reverse des primes aux équipes en fonction de plusieurs critères, généralement liés à la performance.

« Mister E » sort grand vainqueur de cet accord. Il devient officieusement le véritable patron de la F1 et recevrait, selon certains dires, une commission sur les revenus générés.

Que sont les Accords Concorde ?

Le contenu de la Convention de la Concorde, qui va devenir par la suite les Accords Concorde, est strictement secret. Seules les personnes prenant part ont connaissance de ce document qui a été renouvelé à huit reprises (1981, 1987, 1992, 1997, 1998, 2009, 2013 et 2021).

A ce jour, seuls les Accords Concorde de la saison 1997 ont été diffusés par le site RaceFax, donnant un aperçu de la répartition des primes distribuées par la FOM (Formula One Management). McLaren, Williams et Tyrrell ont refusé de signer cette version, n'étant pas d'accord avec le transfert des droits commerciaux de la F1 de la FOCA à la FOA (Formula One Administration) pour les 14 années suivantes.

Dans cet accord, les équipes se partagent 47 % des revenus issus des droits télévisuels mais aussi des droits d'enregistrements sonores et de séquences cinématographiques, comprenant toute partie utilisée dans des publicités télévisées, des programmes télévisés, des longs métrages, des vidéogrammes, des CD-ROM et des jeux informatiques, auxquels on soustrait tous les coûts connexes.

On apprend la répartition de la prime touchée par les équipes, à savoir 20 % provenant des résultats en qualifications, 45 % des résultats en course et 35 % répartis de manière fixe.

Concernant le premier critère, à savoir les résultats en qualifications, selon le document, la prime est répartie selon le résultat final, comme suit :

Classement	Pourcentage de la prime
1er	2,00 %
2e	1,75 %
3e	1,60 %
4e	1,50 %
5e	1,40 %
6e	1,30 %

7e	1,20 %
8e	1,10 %
9e	1,00 %
10e	0,90 %
11e	0,85 %
12e	0,80 %
13e	0,75 %
14e	0,70 %
15e	0,65 %
16e	0,60 %
17e	0,55 %
18e	0,50 %
19e	0,45 %
20e	0,40 %

La deuxième partie, qui concerne le résultat en course, est divisée selon quatre parties, à savoir le quart, la moitié, les trois-quarts et la distance totale d'un Grand Prix.

Classement	1 / 4	1 /2	3 /4	Finale
1er	1,02 %	1,02 %	1,02 %	5,44 %
2e	0,78 %	0,78 %	0,78 %	4,16 %
3e	0,63 %	0,63 %	0,63 %	3,36 %
4e	0,51 %	0,51 %	0,51 %	2,72 %
5e	0,39 %	0,39 %	0,39 %	2,08 %
6e	0,30 %	0,30 %	0,30 %	1,60 %
7e	0,24 %	0,24 %	0,24 %	1,28 %
8e	0,216 %	0,216 %	0,216 %	1,152 %
9e	0,192 %	0,192 %	0,192 %	1,024 %
10e	0,168 %	0,168 %	0,168 %	0,896 %
11e	0,15 %	0,15 %	0,15 %	0,80 %
12e	0,138 %	0,138 %	0,138 %	0,736 %
13e	0,126 %	0,126 %	0,126 %	0,672 %
14e	0,114 %	0,114 %	0,114 %	0,608 %
15e	0,102 %	0,102 %	0,102 %	0,544 %
16e	0,09 %	0,09 %	0,09 %	0,48 %
17e	0,078 %	0,078 %	0,078 %	0,416 %
18e	0,066 %	0,066 %	0,066 %	0,352 %
19e	0,054 %	0,054 %	0,054 %	0,288 %
20e	0,036 %	0,036 %	0,036 %	0,192 %

La dernière partie est répartie en deux temps. La première est distribuée proportionnellement au nombre de points marqués au Championnat du Monde lors des deux demi-saisons précédentes, tandis que la seconde est distribuée à parts égales entre les dix premières équipes.

Le paiement intervient 15 jours après la publication du résultat officiel de l'événement concerné.

Au-delà de l'aspect financier, les Accords Concorde de 1997 mettent également en lumière la prise en charge des frets pour les événements en dehors de l'Europe.

Le calendrier 1997 fait apparaître cinq épreuves autres qu'en Europe : l'Australie, qui ouvre le Championnat du Monde, le Brésil, l'Argentine, le Canada et le Japon.

Ce privilège accordé par le titulaire des droits commerciaux ne concerne que les dix meilleures équipes. Il offre aux équipes en partance du Royaume-Uni, ce qui excluait lors de cette saison Ferrari, Sauber, Prost et Minardi, une franchise de fret pour deux monoplaces (à cette époque, il y avait encore ce qu'on appelait le mulet, une troisième voiture disponible en cas de problèmes, ndlr), 10 000 kg de matériel et 20 billets d'avion.

Depuis ces Accords Concorde, la mécanique aurait été revue. Si les versions suivantes n'ont pas été diffusées, comme ce fut le cas pour la version de 1997, plusieurs médias ont émis des hypothèses sur les nouveaux accords en place en F1. Celui signé en 2013 a fait l'objet de nombreux articles sur Internet.

63 % des bénéfices sous-jacents de la F1 (ce qui comprend les frais d'hébergement des circuits, les droits TV et l'hospitalité). Ce bénéfice est la somme après déduction des frais mais avant impôts, dépréciation et amortissement.

47,5 % de cette somme sont répartis en deux colonnes distinctes. Dans la première, les dix équipes touchent une part égale. La seule condition pour obtenir cette part est d'avoir fini dans le top 10 lors de deux des trois dernières saisons.

Dans la seconde colonne, la répartition se fait en fonction du classement final à l'issue de la saison comme suit :

- le Champion du Monde touche 19 %
- le deuxième touche 16 %
- le troisième touche 13 %
- le quatrième touche 11 %
- le cinquième touche 10 %
- le sixième touche 9 %
- le septième touche 7 %
- le huitième touche 6 %
- le neuvième touche 5 %
- le dixième et dernier éligible à cette prime touche 4 %

Environ 11 % servent à payer ce qu'on appelle une « prime premium ». Cette prime a été approuvée par les cinq équipes début 2012, avant l'expiration des

Accords Concorde, assurant leur présence jusqu'à la fin de la saison 2020, mais aussi en raison de leur antériorité dans le championnat et aussi de leur représentativité.

Cette prime est répartie en deux postes : un poste contenant 7,5 % que se partagent Red Bull, Ferrari et McLaren en fonction du nombre de victoires avant 2012 (le premier touchant 37 %, le second 33 % et le dernier 30 %) puis le restant est réparti de manière égale entre Williams et Mercedes. Restent les 5 % dont Ferrari bénéficie pour son statut d'équipe historique de la F1.

Depuis le rachat de la F1 par Liberty Media, un nouvel accord a été mis en place, valable jusqu'à la fin de la saison 2025. La seule chose connue de ce premier est le montant distribué aux équipes, indiqué dans les comptes annuels de la F1.

En 2022, les équipes F1 se sont partagées 1,157 milliard de dollars, soit 8 % de plus qu'en 2021.

Quant à la répartition, beaucoup tendent à croire qu'elle reste la même, à quelques détails près.

Concernant les huitièmes Accords Concorde, signés en 2021, ils offrent aux équipes présentes – et peu désireuses de partager leur gâteau – une sûreté en cas d'arrivée d'un nouveau concurrent, avec l'instauration d'une « prime anti-dilution » d'un montant de 200 millions de dollars au moment de la signature. Cette prime est payable pour la nouvelle équipe l'année précédant son arrivée et est distribuée aux équipes présentes sur la grille l'année suivante à parts égales, si on en croit les différents propos tenus depuis son introduction et les récentes déclarations autour de la possible arrivée de l'équipe de Michael Andretti sur la grille F1.

Finalement, General Motors via la marque Cadillac est la nouvelle équipe de la grille F1 et a dû payer 450 millions de dollars. Pour certains, comme Toto Wolff, le montant ne compense pas directement la perte de revenus.

« *Pour l'instant, nous sommes perdants. Nous ne savons pas ce que Cadillac va investir dans la F1. La taxe anti-dilution, actuellement fixée à 450 millions de dollars, est trop faible. Elle ne compense pas la perte directe de revenus* », a-t-il confié à Auto Motor und Sport.

Les spécialistes financiers estiment que les équipes toucheront 63 % de ces 450 millions, à parts égales, soit 28,3 millions de dollars pour chacune.

8
LES CONTRATS DES PILOTES

MICROCOSME DE LA FORMULE 1

Souvent, les contrats liant les pilotes de F1 aux équipes de la grille alimentent les discussions dans le paddock. Généralement, cela intervient durant une période qu'on appelle la « Silly Season », cette période de l'année où les annonces se font. Cela donne parfois lieu à un jeu de chaises musicales, avec des transferts d'un côté ou de l'autre. Souvent, seule la durée d'un engagement est connue publiquement. Les questions financières restent secrètes, alimentant le fantasme des journalistes, qui spéculent sur un salaire ou une potentielle prime de performance.

Pourtant, ce document contractuel est d'une importance capitale, même si on a tendance à croire qu'un contrat ne vaut pas grand-chose dans le Circus. La FIA a été contrainte de mettre en place un organisme de contrôle de la légalité des contrats, le CRB (Contract Recognition Board), créé à la suite de l'affaire Michael Schumacher avec Benetton et Jordan en 1991.

Commençons par définir ce qu'est un contrat. Bien qu'il soit conclu entre une société représentant un pilote et une équipe, ce qui pourrait le qualifier de contrat commercial, il s'agit néanmoins d'un véritable contrat de travail, à durée déterminée. Il fixe les conditions liant les deux parties, tant sur les aspects financiers que sur les responsabilités mutuelles.

Ce document est strictement confidentiel. Le seul contrat disponible sur Internet est celui liant A. S. Promotions, société représentant Ayrton Senna, et l'équipe Lotus lors de la saison 1987. Plus récemment, l'affaire judiciaire opposant Daniel Riccardo à son ancien manager Glenn Beavis a permis de révéler certains éléments du contrat d'un pilote de l'ère moderne de la F1.

Le contrat entre le pilote et l'équipe est établi pour une durée définie. Cette période peut être fixe, avec un engagement pour un certain nombre de saisons, ou « sur option », ce qui signifie que les deux parties peuvent prolonger le présent contrat sur simple accord tacite.

Une « option » peut être conditionnée, que ce soit d'un point de vue des performances, du personnel présent au sein de l'équipe, etc. Dans le cas du contrat liant Ayrton Senna à l'équipe Lotus, une clause permet à A. S. Promotions de rompre le contrat en cas de non-engagement de l'équipe sur plus de trois Grands Prix successifs durant la saison.

Il peut également y avoir une clause interdisant une société gérant les intérêts d'un pilote d'entrer en négociation avec une autre équipe avant une date définie dans le contrat. Généralement, cette date se situe entre juillet et août.

La rémunération d'un pilote se décompose en général en deux parties. La première est ce qu'on appelle un « fixe », qui correspond au salaire de base du pilote pour la durée de son contrat.

La seconde partie est le « variable » et diffère en fonction des clauses de l'accord entre le pilote et l'équipe. Cela peut être proportionnel au nombre de points inscrits sur une saison, au nombre de victoires remportées ou à un titre décroché.

Dans le cas d'Ayrton Senna, son salaire fixe était de 1,5 million de dollars pour la saison 1987, avec une prime de 4 000 dollars par point inscrit et 250 000 dollars en cas de victoire au Championnat du Monde des pilotes. Rapporté au cours actuel du dollar, cela représente un salaire de 4 millions de dollars, avec une prime de 10 000 dollars par point et 677 000 dollars en cas de titre mondial.

Si on le compare au contrat entre Daniel Ricciardo et l'équipe Renault, le salaire fixe est de 55 millions de dollars pour deux saisons. Il dispose d'un bonus de performance pouvant aller jusqu'à 10 millions de dollars ainsi que d'une prime pour sa première victoire avec l'équipe d'Enstone d'un montant d'un million de dollars.

Parfois, en jouant avec un salaire fixe bas et une prime élevée, une équipe peut se retrouver dans une situation délicate. Jordan en 1999, avec Heinz-Harald Frentzen, en est un bon exemple. L'équipe irlandaise embauche le pilote allemand, en provenance de Williams. Il arrive chez Jordan avec un salaire fixe bas mais d'importantes primes par point marqué. Eddie Jordan a connu une saison 1998 difficile, malgré le doublé lors du Grand Prix de Belgique. Avec 34 points marqués, le « Rockeur » irlandais ne s'attendait pas à ce que Heinz-Harald Frentzen se batte pour le titre mondial. A lui seul, il marque 54 points, avec deux victoires à son compteur. Le pilote allemand éclipse le Champion du Monde 1996 Damon Hill.

Les salaires des pilotes ont considérablement évolué au fil des décennies. Dans un article publié en 2003, F1i rapporte que Juan Manuel Fangio aurait demandé 20 000 dollars (226 000 dollars selon l'inflation) à Ferrari en 1956. Jackie Stewart touchait un salaire de 100 000 dollars (un peu moins de 800 000 dollars actuels) en 1970, montant qui a grimpé à 250 000 dollars (environ 1,7 million de dollars actuels) au moment de sa retraite. Le premier à passer officiellement le million de dollars pour la saison a été Mario Andretti en 1980. Aujourd'hui, cela représenterait un salaire de 3,7 millions de dollars.

Toujours selon le magazine belge, en 2003, seuls 93 pilotes ont gagné plus d'un million de dollars au cours de leur carrière, Michael Schumacher dominait le classement avec 229 millions de dollars de revenus cumulés depuis ses débuts avec Jordan en 1991. Rappelons qu'en 2003, le pilote allemand se dirigeait vers son sixième titre mondial, le quatrième consécutif avec la Scuderia Ferrari. Derrière lui, on retrouvait le Champion du Monde 1997 Jacques Villeneuve avec 91 millions de dollars, puis Ayrton Senna, dont les revenus étaient estimés à 83,7 millions de dollars sur l'ensemble de sa carrière.

Cependant, il est important de rappeler que les salaires aujourd'hui annoncés ne sont que des estimations. Nul ne connaît réellement la valeur d'un contrat, que ce soit pour la partie fixe ou pour la partie variable.

Le salaire n'est pas la seule composante d'une rémunération puisque le contrat d'un pilote prévoit également des avantages, notamment avec le défraiement pour les voyages et les hébergements selon une somme définie (pour Ayrton Senna, celle-ci était de 40 000 dollars), le paiement de la Super Licence ou encore la contribution au salaire d'un membre proche du pilote (Renault a pris en charge le salaire du physiothérapeute de Daniel Ricciardo). Il peut également y avoir la mise à disposition d'un véhicule personnel.

D'autres avantages peuvent être inscrits dans un contrat, comme le don d'une monoplace, ce qui était le cas dans celui de Daniel Ricciardo, lui offrant la monoplace (sans moteur ni boîte de vitesses) de sa première victoire avec le constructeur français. Cela peut également concerner le don d'une réplique des trophées acquis durant la durée du contrat.

Le contrat liant un pilote à une équipe peut également comporter une clause l'autorisant à afficher ses sponsors personnels. Ayrton Senna pouvait avoir quatre partenaires personnels sur sa combinaison ainsi que deux présents sur son casque, à des emplacements déterminés. Les partenaires personnels du pilote brésilien ne devaient pas être en concurrence avec les sponsors de l'équipe Lotus.

Cependant, il arrive que certains contrats publicitaires soient en confrontation directe avec l'activité d'un des partenaires. C'est le cas pour Ayrton Senna qui avait un engagement avec Ford Brazil. Dans son contrat, Lotus valide ce partenariat, conclu avant la signature avec l'équipe britannique.

Un engagement entre un pilote et une équipe peut être conditionné par la présence d'une personne-clé au sein de l'équipe, d'un sponsor en particulier ou encore d'un motoriste. Le contrat d'Ayrton Senna précise que durant la première période de son contrat, Honda est le motoriste et l'un des sponsors de l'équipe, tout comme R. J. Reynolds Tobacco International, maison-mère de la marque Camel. De plus, il stipule la présence de Gérard Ducarouge, ingénieur en chef de Lotus, sur la première partie du contrat.

Un pilote est le visage d'une équipe, que ce soit sur la piste ou en dehors. Il existe donc des clauses précises pour encadrer ses déclarations ou son comportement. Cela évite ainsi que les intérêts et l'image de l'équipe ainsi que ceux des partenaires commerciaux ne soient pas affectés.

L'exemple le plus célèbre reste celui d'Alain Prost avec Ferrari, avec l'affaire dite du « *camion* ». Le seul Champion du Monde français de F1 parvient à finir quatrième du Grand Prix du Japon. Après la course, il déclare : « *Je n'ai jamais conduit une voiture aussi mauvaise. Hier avec le plein, nous avons constaté que la direction se bloquait complètement dans les grandes courbes, c'est un problème mécanique très grave qui s'est amplifié au cours de la saison. Disputer un Grand Prix dans ces conditions est très éprouvant, je n'avais pas l'impression d'être un pilote de F1, car un bon chauffeur de camion avec de gros bras aurait pu faire aussi bien.* »

Le mot « camion » ne passe pas dans la presse italienne et encore moins au sein de l'équipe italienne. D'autant que les propos d'Alain Prost semblent avoir été déformés, les contestant encore aujourd'hui. Cette interview ne semble pas exister si on en croit « le Professeur ». Le pilote français est remercié avec effet immédiat, lui qui avait également un contrat pour la saison 1992. Il ne participe pas au Grand Prix d'Australie, dernière manche du Championnat du Monde de F1.

Les coups de sang des pilotes sont monnaie courante en F1. L'épisode d'Alain Prost en est un parmi tant d'autres. On peut rappeler le désormais mythique « GP2 Engine » (« Moteur de GP2 », ndlr) lancé à la radio par Fernando Alonso lors du Grand Prix du Japon 2015, en parlant du moteur Honda qui équipait la McLaren. Il y a eu aussi des confrontations directes, comme celle de Michael Schumacher lors du Grand Prix de Belgique 1998. Le pilote allemand s'est accroché avec David Coulthard en tentant de lui prendre un tour sur une piste détrempée et à la visibilité limitée. Le pilote Ferrari n'a pas hésité à aller au garage McLaren pour régler ses comptes. Il y a eu aussi les coups de Nelson Piquet sur Eliseo Salazar lors du Grand Prix du Mexique 1982 ou encore l'explication entre Max Verstappen et Esteban Ocon à l'arrivée du Grand Prix du Brésil 2018.

Parfois, les équipes rachètent des contrats de pilotes. Cela a été le cas pour Eddie Irvine, pour lequel Ferrari a dépensé 5 millions de dollars pour le libérer de son contrat avec Jordan et lui permettre de rouler dans une monoplace italienne dès 1996. Il y a également eu le cas de Kimi Räikkönen, dont le contrat de trois saisons avec Sauber a été racheté par McLaren dès la première année pour un montant compris entre 15 et 20 millions de dollars.

La Super Licence

Introduite en 1984, cette certification atteste que le pilote a les compétences pour rouler en F1. Au fil des années, ses conditions d'attribution ont évolué. L'une des conditions présentes depuis les débuts est le roulage de 300 kilomètres à bord d'une F1.

Cependant, en 2016, l'attribution de la Super Licence change. Depuis cette année-là, il faut avoir au minimum 18 ans, être titulaire du permis B, être détenteur d'une licence de Degré A mais aussi totaliser 40 points grâce à ses résultats dans divers championnats. Par exemple, les trois premiers du championnat FIA F2 recevront le nombre de points nécessaires, tout comme le champion IndyCar.

Ces mesures ont été introduites après l'arrivée de Max Verstappen, qui a disputé son premier Grand Prix à 17 ans et 166 jours. L'arrivée du Néerlandais a fait polémique à cause de son jeune âge et de son bagage jugé limité (une seule saison en monoplace, avec une troisième place au championnat d'Europe de FIA F3).

Chaque année, les pilotes paient pour renouveler la Super Licence. Le prix se décompose en deux parties, à savoir une partie fixe et une partie qui varie en fonction du nombre de points inscrits lors de la saison passée.

Pour participer à la saison 2026, la somme de base est fixée à 11 842 euros et un bonus par point de 2 392 euros. A titre de comparaison, lors de la saison 2007, la base était de 1 690 euros et le point coûtait 447 euros.

Lando Norris, avec 423 points inscrits pour son premier titre, doit payer 1 023 507 euros. Max Verstappen, qui le suit de deux points au classement 2025, a dû s'acquitter de la somme de 1 018 724 euros. Enfin, Oscar Piastri, troisième du Championnat du Monde, a payé 992 416 euros.

MICROCOSME DE LA FORMULE 1

9
LES PILOTES PAYANTS

MICROCOSME DE LA FORMULE 1

La F1 moderne compte de nombreux pilotes qui apportent un budget pour pouvoir accéder à la F1. Cependant, il est important de faire une distinction entre ce qu'on appelle vulgairement « le pilote payant » et le « pilote soutenu ».

Le pilote payant est celui qui finance sa présence sur la grille de F1, grâce au soutien d'un sponsor ou de sa famille. L'un des plus connus de la grille moderne n'est autre que Lance Stroll.

A la différence, un pilote soutenu est membre d'une structure de formation liée à l'équipe, que l'on nomme académie. Aujourd'hui, presque chaque équipe dispose de son programme de développement. La plus connue est le Red Bull Junior Team. Le paysage des académies compte également en 2023 la Ferrari Driver Academy, l'Alpine Academy, la Williams Driver Academy, le McLaren Driver Development Programme, le Mercedes Junior Team, l'AMF1 Driver Development Programme, qui sera rejoint en 2025 par l'Aston Martin Driver Academy ou encore la Sauber Academy.

Pourquoi cette distinction est importante ? Aujourd'hui, la plupart des pilotes rejoignant la F1 sont membres d'une des académies citées et rejoignent généralement l'équipe les ayant soutenus durant une partie de leur carrière, à la différence d'un pilote qui paie directement une équipe pour piloter une monoplace.

Faisons un retour au début de la F1, le 13 mai 1950, sur le circuit de Silverstone, en Grande-Bretagne. Il est difficile de savoir qui était un pilote payant à l'époque. Cependant, la légende veut que le premier grand pilote de l'histoire de la F1, à savoir Juan Manuel Fangio, en ait été un. Il se dit que c'est le gouvernement de Juan Perón, alors à la tête de l'Argentine, qui aurait financé la venue en Europe du pilote argentin.

Mais ce n'est pas le seul pilote connu pour avoir payé son volant. Le film « Rush », réalisé par Ron Howard avec Daniel Brühl dans le rôle de Niki Lauda, rappelle que le pilote autrichien a contracté deux prêts pour financer ses débuts en F1 : un premier prêt en 1972 de 100 000 livres sterling pour payer son volant chez March, puis un second de 80 000 livres sterling l'année suivante pour courir chez BRM.

Un des plus grands pilotes de l'histoire de la F1 a débuté sa carrière en payant son volant. Michael Schumacher a fait ses débuts en Grand Prix avec Jordan, à l'occasion du Grand Prix de Belgique. Le pilote allemand remplaçait Bertrand Gachot, incarcéré par la justice britannique après une altercation avec un chauffeur de taxi londonien. C'est Mercedes qui a décidé de placer son jeune poulain dans la monoplace irlandaise, contre un budget de 150 000 livres sterling. Mais avant son apparition sur la grille de F1, Michael Schumacher avait fait un essai avec l'équipe irlandaise, payant aussi (80 000 livres sterling, qui ont été payées à l'époque par Willi Weber).

Par la suite, plusieurs pilotes ont marqué l'histoire de la F1, finançant eux-mêmes leur place sur la grille. On peut citer Pedro Diniz, soutenu par Parmalat ; Vitaly Petrov, présent en F1 grâce aux soutiens russes ; Pastor Maldonado, véritable vitrine marketing pour le Venezuela et soutenu par le gouvernement de

Hugo Chávez, via la compagnie pétrolière PDVSA ; Sergio Pérez, aidé par la fortune de Carlos Slim ; Max Chilton, dont l'argent venait d'un consortium d'entreprises ; Giedo van der Garde, dont le volant a été financé par l'entreprise de vêtements McGregor ; Charles Pic, soutenu par Total et l'entreprise familiale, ou encore Rio Haryanto, dont le budget provenait d'Indonésie.

Justin Wilson reste un pilote payant un peu particulier. Le champion de F3000 en 2001 signe un contrat avec Minardi. Soutenu par l'antenne européenne de Coca-Cola durant ses années dans l'antichambre de la F1, il arrive sur la grille sans la marque de sodas. Jonathan Palmer, son manager, crée alors le concept de « pilote boursier ». Pour un investissement minimum de 730 euros, l'investisseur est rémunéré par une part des revenus générés par le pilote, part de laquelle sont soustraits les 20 % dévolus à son manager. Près de 900 investisseurs soutiennent le pilote britannique, à hauteur de 1,8 million d'euros. Le principal investisseur est le British Racing Drivers' Club (BRDC).

Le projet se décompose en deux étapes pour le rendement. La première dépend des revenus de Justin Wilson, lui offrant un minimum sur les trois années suivantes. La seconde étape octroie 10 % des revenus du pilote britannique jusqu'en 2012.

Si le principe a permis au pilote de récupérer un budget pour pouvoir courir en F1, il n'a pas réussi à rembourser la mise de ses investisseurs. En 2008, il devait encore 630 000 euros. La société Justin Wilson Limited a été dissoute en 2014, l'année précédant son décès en piste.

Plus récemment, trois pilotes ont fait la une de la grille de F1 : Lance Stroll, Nikita Mazepin et Nicholas Latifi.

Lance Stroll a pu bénéficier du soutien de son père Lawrence Stroll. Ce dernier a fait fortune en investissant dans la mode, comme son père avant lui. Il a amené les marques Pierre Cardin et Ralph Lauren au Canada. Concernant Lawrence Stroll, ce sont dans les marques Tommy Hilfiger et Michael Kors qu'il a choisi d'investir. Il rachète par la même occasion le Circuit du Mont-Tremblant au Canada. Il n'hésite pas à dépenser l'argent nécessaire pour la carrière de son fils Lance, qui a remporté le titre européen de FIA F3 en 2016.

Lawrence Stroll apporte le budget nécessaire pour son volant chez Williams, puis chez Force India. L'homme d'affaires va même reprendre l'équipe de Vijay Mallya, battant Dmitry Mazepin, grâce à l'aide d'un consortium composé de Silas Chou, co-investisseur avec le milliardaire canadien dans la marque Asprey & Garard ; André Desmarais, président de la société Power Corporation, spécialisée dans la gestion de portefeuilles ; Jonathan Dudman, à la tête de la société Monaco Sports and Management, spécialisée dans le conseil en gestion ; John Idol, président de Michael Kors Holding ; John McCaw Jr, spécialisé dans la télécommunication, et Michael de Picciotto, responsable de la filiale londonienne de l'Union Bancaire Privée. Force India devient Racing Point.

Début 2020, Lawrence Stroll décide, aidé du consortium Yew Tree

Investments, de reprendre 16,7 % du constructeur Aston Martin pour 182 millions de livres sterling.

Nikita Mazepin a profité de la fortune de son père Dmitry Mazepin, magnat russe de la chimie. Ce dernier a tenté de racheter Force India, sans succès. Il investit dans Hitech Grand Prix, équipe présente en formules de promotion, via Fungosa Management Limited, basée à Chypre, puis Bergton Management Limited, également basée à Chypre.

Le pilote russe arrive en F1 au sein de l'équipe Haas. La structure américaine est fortement soutenue par Uralkali, société de Dmitry Mazepin. Les couleurs russes prennent une place importante sur la livrée de la monoplace de Gene Haas. L'association entre le pilote russe, son partenaire et l'équipe américaine s'arrête peu après le début du conflit entre l'Ukraine et la Russie.

Nicholas Latifi est le fils de Michael Latifi, qui est à la tête de Sofina Foods et de Nidala, présente sur les Îles Vierges britanniques. Sa mère est Marilena Latifi, née Russo, dont la famille a fondé la société spécialisée dans les produits laitiers Saputo.

Aidé par l'entreprise familiale mais aussi Lavazza, qui est distribué par la société du père du pilote canadien au pays de la feuille d'érable, Nicholas Latifi monte les échelons et rejoint la F1. En parallèle, Michael Latifi investit dans la F1 en prenant une participation de 10 % dans le groupe McLaren via Nidala, et il apporte un soutien financier à l'équipe Williams F1, aux abois, via un prêt consenti par Latrus Racing, qui gère la carrière du pilote canadien.

MICROCOSME DE LA FORMULE 1

10
LES ACADEMIES

De nos jours, les jeunes pilotes qui aspirent à rejoindre la F1 sont généralement soutenus par une équipe présente sur la grille actuelle, via une académie de jeunes talents. Presque toutes les équipes en ont une, que ce soit Ferrari (Ferrari Driver Academy), Mercedes (Mercedes Junior Team), Williams (Williams Academy), Alpine (Alpine Academy), Sauber (Sauber Academy), Aston Martin (Aston Martin Young Driver Development et Aston Martin Driver Academy), McLaren (McLaren Driver Development Programme) ou encore Red Bull (Red Bull Junior Team), qui est l'académie la plus célèbre aujourd'hui.

Cependant, l'explosion des académies ne se traduit pas par une augmentation significative du nombre de places sur la grille. Cela a pu être démontré lors de la saison 2024, où aucun rookie n'a intégré la F1, pas même le champion FIA F2 Théo Pourchaire, qui a dû s'exiler au Japon pour rouler en Super Formula. Les académies offrent toutefois un soutien complet, tant technique que financier, aux pilotes dans les championnats menant à l'élite.

Les « Volants » français

Par le passé, la détection et le soutien aux jeunes pilotes se faisaient différemment. En France, il existait trois « Volants », concours permettant d'obtenir le financement pour pouvoir disputer une saison dans un championnat, généralement celui de la Formule Renault ou celui de la Formule 3. Deux de ces « Volants » étaient soutenus par un pétrolier, à savoir Elf et Shell, tandis que le troisième, celui de l'Automobile Club de l'Ouest (ACO), reçoit le soutien dans un premier temps de Shell, puis par la suite du cigarettier Gitanes avant d'être estampillé Elf.

Les premières sélections françaises ont lieu sur le circuit Jean Behra, hommage rendu par le maire de la ville de Magny-Cours Jean Bernigaud au pilote décédé le 1er août 1959 sur l'AVUS lors d'une course automobile. Sous l'impulsion du maire socialiste et de son associé Charles Ardoin, une piste de karting voit le jour sur le domaine de Bardonnay. Vient par la suite un circuit auto et moto.

Jean Bernigaud regrette le manque de pilotes français en F1 à cette époque. En 1962, seul Maurice Trintignant, surnommé « Pétoulet », est sur la grille. Pour remédier à cette situation, le propriétaire du circuit nivernais décide de faire venir une école de pilotage, celle de Jim Russell, qui devient rapidement la Winfield Motor Racing School. Avec l'aide du pétrolier Shell et du magazine Sport Auto, il lance la première sélection.

Le prix est intéressant puisqu'il s'agit d'une saison en championnat de France de Formule 3 au volant d'une Cooper-BMC. Le premier lauréat est Jean-Pierre Jaussaud, double vainqueur des 24 Heures du Mans (1978 avec Renault Alpine et 1980 avec Rondeau) et pilote-essayeur pour Renault F1 en 1980.

Parmi les autres lauréats du « Volant Shell », on retrouve François Cevert, futur pilote Tyrrell en F1, en 1966 et René Arnoux, multiple vainqueur en F1 avec Renault et Ferrari, en 1972.

Dans la Sarthe, l'ACO lance un autre « Volant » en 1968, également sponsorisé par Shell. Le prix est le même que celui de Magny-Cours. Le premier vainqueur est François Migault, qui a participé à 13 Grands Prix en F1 et a pris le départ à 24 reprises des 24 Heures du Mans.

Les deux concours perdent le soutien de Shell à la fin de l'année 1974. Celui de Magny-Cours devient le « Pilote Elf » tandis que le second prend le nom de « Volant ACO », une année avant de devenir le « Volant Gitanes » et de changer de nom jusqu'à la création de la Filière Elf.

Sur le circuit du Castellet, Paul Ricard, son propriétaire, souhaite promouvoir les jeunes pilotes français. Après l'échec des négociations avec l'école de pilotage Winfield, il décide d'en créer une de toutes pièces. Elle reçoit rapidement le soutien d'Elf et de Renault, qui fournit six monoplaces. Le lauréat du « Volant Elf », lancé en 1971, reçoit un volant au sein de l'équipe Elf en Formule Renault.

Le premier lauréat est Patrick Tambay. De nombreux grands noms du sport automobile remportent ce concours. On peut citer Didier Pironi (1972), Alain Prost (1975), Paul Belmondo (1982) ou Olivier Panis (1987). Les derniers lauréats sont Sébastien Alberto et Sébastien Boulet, en 1993.

La fin des trois volants tricolores est décidée par Elf, qui choisit de réunir les trois « Volants » à savoir celui du Castellet, celui de Magny-Cours et celui du Mans. Ainsi naît la Filière Elf en 1994, installée au Mans. Renault et le pétrolier français créent la Formule Campus Renault Elf, véritable vivier pour la filière française jusqu'au début des années 2000.

A la fin des années 1990, la F3000 est la dernière marche avant la F1. Le championnat de jeunes pilotes parcourt un certain nombre d'épreuves, toutes en Europe, en lever de rideau des Grands Prix.

Pour former ses jeunes pilotes, certaines équipes de F1 créent leur propre structure en F3000. C'est le cas de McLaren avec West Competition, de Williams avec le Petrobras Junior Team, de Prost Grand Prix avec Gauloises Junior ou encore European Arrows avec l'équipe éponyme. D'autres soutiennent les équipes en place, comme Benetton avec Astromega en 1999 puis Super Nova en 2000, ainsi que Sauber avec la structure de Helmut Marko dont le sponsor principal est Red Bull.

TAG McLaren Holdings a dévoilé les comptes de son engagement en F3000, via West Competition.

En 1998, le budget est de 2 366 758 livres sterling pour un bénéfice de 70 291 livres sterling. En piste, cela s'est traduit par la deuxième place au classement de Nick Heidfeld. L'année suivante, celle du titre du pilote allemand, le budget est quasi similaire (2 273 256 livres sterling) avec un bénéfice plus élevé (369 005 livres sterling). En 2000, lorsque l'équipe britannique embauche Tomas Enge et Stéphane Sarrazin, remplacé par Tomas Scheckter dès le septième meeting, McLaren dispose d'un budget de 2 625 455 livres sterling pour un bénéfice de 983 526 livres sterling. L'équipe est dissoute à la fin de l'année 2000.

Le début des équipes juniors

Si créer un junior team en F3000 semblait une suite logique pour de nombreuses équipes, elles voient en cette solution une façon de former de jeunes pilotes pour rejoindre la grille de F1. Cependant, certaines équipes voient plus loin et décident d'aider les jeunes pilotes dès le karting.

Ainsi dès 1998, McLaren, qui dispose de son junior team en F3000 avec West Competition, fonde le McLaren Young Driver Programme. Les premiers pilotes signés sont Wesley Graves et Lewis Hamilton. Le premier a été remercié à la fin de sa première année tandis que le second va continuer sa carrière jusqu'à son arrivée en F1, en 2007, après son titre en GP2 avec ART Grand Prix. Le programme de l'équipe de Woking va accueillir de nombreux pilotes, dont certains rejoindront la F1. Les plus connus sont Kevin Magnussen (pilote McLaren en 2014), Stoffel Vandoorne (pilote titulaire de l'équipe McLaren en 2017) ou encore Nyck de Vries, qui a quitté le programme en 2018. Lando Norris est le dernier pilote soutenu par McLaren à avoir rejoint la F1 avec la structure britannique.

Red Bull, déjà partenaire de l'équipe RSM Marko, qui court en F3000, décide de structurer son projet pour les jeunes pilotes. C'est ainsi que naît le Red Bull Junior Team en 2001. Les premiers pilotes présents dans le programme de la boisson énergisante sont Christian Klien, premier pilote du Junior Team à rejoindre la F1, Sebastian Vettel, Ricardo Mauricio, Bernhard Auinger, Patrick Friesacher, Reinhard Koffer et Christophe Wassermann.

Le Red Bull Junior Team reste, à l'entame de la saison 2025, l'un des programmes pour les jeunes pilotes les plus prolifiques, avec 17 pilotes qui ont rejoint la F1. Il est également réputé comme étant l'un des plus exigeants avec ses pensionnaires puisque 77 (statistique arrêtée à la fin de la saison 2023) n'ont pas eu la chance de rejoindre soit Red Bull Racing, soit Toro Rosso/AlphaTauri/RB F1/Racing Bulls.

La tendance des académies va se généraliser au fil du temps. Renault, qui a racheté l'équipe Benetton au début de la saison 2000 pour 120 millions de dollars, revient officiellement sur la grille de F1 comme constructeur à part entière en 2002. Au même moment, la firme au losange lance le Renault F1 Driver Programme, un programme de détection de jeunes pilotes. Les premiers pilotes membres sont Fabio Carbone, Robert Kubica, Tiago Monteiro, Carlo van Dam, Eric Salignon et Heikki Kovalainen. Seuls les deux derniers restent plus d'une année. Le pilote finlandais a été le premier pilote à rejoindre la grille F1 grâce au programme.

Au fur et à mesure de la vie de l'équipe, qui devient un temps Lotus F1, avant de reprendre le nom de Renault puis celui d'Alpine à partir de la saison 2022, de nombreux pilotes ont reçu le soutien de cette académie. On peut citer Romain Grosjean, le regretté Anthoine Hubert ou encore Oscar Piastri, dont la signature du contrat avec McLaren lors de l'été 2022 avait provoqué un scandale.

La Scuderia Ferrari, avec plus de discrétion, a également lancé son programme de détection des jeunes talents. L'idée de la Ferrari Driver Academy (FDA) est née suite à la préparation de Felipe Massa pour rejoindre la F1. Le premier membre à rejoindre le programme italien en décembre 2009 n'est autre que Jules Bianchi. Le pilote français est également le premier pilote de l'académie à accéder à la F1.

Là encore, plusieurs pilotes sont passés par la Ferrari Driver Academy mais peu ont rejoint la grille grâce à celle-ci. Charles Leclerc a pu rejoindre la F1 grâce au programme du constructeur italien, tout comme Mick Schumacher. Le dernier en date est Oliver Bearman, qui a remplacé au pied levé Carlos Sainz Jr, souffrant d'une appendicite, lors du Grand Prix d'Arabie saoudite. Le jeune pilote britannique est également le premier pilote de la FDA à rejoindre la F1 directement au volant d'une des monoplaces de l'équipe italienne.

Tout comme la Scuderia Ferrari, Mercedes a lancé un programme de soutien aux jeunes pilotes en toute discrétion. Pascal Wehrlein est le premier pilote soutenu par le Mercedes Junior Team, en 2014. Il est rejoint une année plus tard par Esteban Ocon, puis en 2017 par George Russell. Le programme junior du constructeur allemand affiche des résultats encourageants puisque les trois pilotes cités ont rejoint la grille de F1. Pascal Wehrlein a débuté chez Manor, tout comme Esteban Ocon, tandis que George Russell a fait ses armes chez Williams. Le dernier pilote à être monté en F1 est Andrea Kimi Antonelli.

En 2016, l'équipe Williams suit la mouvance en fondant le Williams Young Driver Programme, qui deviendra par la suite la Williams Driver Academy. Le premier pilote soutenu est Lance Stroll, qui a quitté la Ferrari Driver Academy. Présent en FIA F3 Europe cette année-là, le pilote canadien remporte le championnat et rejoint la F1 la saison suivante, au volant d'une des monoplaces de l'équipe de Grove. D'autres pilotes suivront le même chemin que lui, à savoir Nicholas Latifi, Jack Aitken ou encore plus récemment Logan Sargeant.

Trois années après Williams, Sauber décide de fonder son programme pour les jeunes pilotes. Le Sauber Junior Team, devenu depuis la Sauber Academy, intègre dès sa première année pas moins de 13 pilotes, dont Callum Ilott, venu de la Ferrari Driver Academy, Arthur Leclerc, le jeune frère de Charles Leclerc, Juan Manuel Correa ou encore Théo Pourchaire.

Enfin, Force India a lancé en son temps un programme de développement pour les jeunes pilotes. Jehan Daruvala a été le premier à le rejoindre, en 2012.

Nikita Mazepin a rejoint la structure indienne par la suite, tout comme Nicholas Latifi (avant de rejoindre le programme Williams).

Suite à la reprise de l'équipe par un consortium mené par Lawrence Stroll, le père de Lance Stroll, le programme est délaissé jusqu'au moment où l'équipe est renommée Aston Martin F1. Jessica Hawkins est la première pilote soutenue, avant d'être rejointe par Felipe Drugovich, champion de FIA F2 en 2022.

En 2025, Aston Martin décide de lancer sa Driver Academy, avec pour premier pilote Mari Boya, présent sur la grille de FIA F3.

Le budget des académies est tenu secret. Elles couvrent une grande partie, voire l'entièreté du budget demandé pour courir dans une catégorie.

Il faut dire que les budgets demandés pour rouler dans une des disciplines menant à la F1 sont de plus en plus importants. Toto Wolff n'avait pas hésité à détailler le chemin d'un jeune pilote jusqu'à l'arrivée en F1 et notamment le budget nécessaire pour atteindre son objectif.

« *Si quelqu'un a du talent, beaucoup de talent, il aura probablement besoin de dépenser 1 million d'euros en karting pour participer à des courses en junior, senior et internationales. Il devra faire au moins une saison en Formula Renault ou en Formule 4 qui coûterait 350 000 euros s'il le fait correctement. Il devra payer 650 000 euros pour une saison de F3, ce qui fait que nous sommes à 2 millions d'euros. Il aura probablement besoin d'une autre saison en F3, ce qui fait un total de 2,7 millions d'euros et il n'a pas encore fait de GP2 ou World Series. Donc, disons que ce pilote sera à 3 millions d'euros s'il a un talent extraordinaire. Le GP2 ajoute 1,5 million d'euros de plus. Si vous voulez être sur le côté sécuritaire, on est entre 4,5 millions d'euros et 5 millions d'euros et le pilote a seulement fait une année en GP2. Il est sur le point d'entrer en F1, mais il a besoin de 2 à 3 millions d'euros pour un volant. Donc on parle d'un total de 7 à 8 millions d'euros* », déclarait-il au site Raconteur en 2016.

Presque dix ans plus tard, les budgets ne sont plus les mêmes. Difficile de donner une estimation tant ce genre d'informations est strictement secret. Selon certains échos dans les paddocks, le budget pour rouler en FIA F3 est d'environ 800 000 euros et peut être revu à la hausse en fonction de l'équipe choisie, alors que rouler en FIA F2 coûte près de 2 millions d'euros, là encore la somme pouvant être revue à la hausse en fonction de l'équipe avec laquelle le pilote décide de courir.

A titre d'information, l'équipe DAMS, dont les derniers comptes ont été publiés au 30 septembre 2020, affichait un chiffre d'affaires de 9 millions d'euros (comprenant l'engagement en FIA F2 et en Formule E).

En 2019, avec l'arrivée de la FIA F3 en lieu et place du GP3, la FIA a montré sa volonté de créer une véritable pyramide allant du karting jusqu'à la F1. Les étapes sont définies, avec la Formule 4 dans un premier temps, suivie par la Formule Régionale, puis la Formule 3, la Formule 2 et enfin la Formule 1.

Cette décision n'a pas été sans conséquence pour le paysage de la compétition puisque de nombreux championnats ont disparu. C'est le cas de la Formule Renault, que ce soit dans sa version 2.0, fusionnée avec la Formule

Régionale European à la fin de l'année 2020, ou la version 3.5, qui a continué à exister après le retrait de Renault à la fin de l'année 2015 sous le nom de Formula V8, avant de disparaître définitivement fin 2017. On peut également parler de la FIA F3 European qui a disparu avant le début de la saison 2019, après avoir été rebaptisée Formula European Masters.

11
L'EVOLUTION DES SPONSORS EN F1

MICROCOSME DE LA FORMULE 1

Le sponsoring en F1 a connu plusieurs révolutions. Avant l'arrivée des cigarettiers ou des marques d'alcool, seules les entreprises ayant un lien avec la compétition automobile étaient autorisées comme partenaires commerciaux. Il s'agissait des fabricants de carburant, des manufacturiers de pneus ou encore des fournisseurs de pièces comme les bougies d'allumage, les pistons, les freins et les embrayages. Pourtant, leur présence se veut discrète sur les coques des F1. Ne sont réellement affichés que les logos des marques engagées comme le cheval cabré de la Scuderia Ferrari, le dessin du drapeau japonais sur la Honda ou la bande jaunâtre sur la livrée verte de Lotus.

Les premiers sponsors en F1

Le tabac reste le premier secteur commercial à faire une percée en F1. Son arrivée se fait au début de la saison 1968 avec le Team Gunston, lors du premier Grand Prix de la saison. Cela intervient bien avant que Lotus n'affiche Gold Leaf sur ses monoplaces, délaissant le vert pour le rouge dès le Grand Prix d'Espagne de la même année.

Cependant, l'arrivée des sponsors commerciaux n'est pas immédiate. De nombreuses équipes continuent d'afficher leurs partenaires techniques. On peut citer Matra qui donne une place importante à Elf, avant de passer avec Shell, tandis que March qui affiche le logo de STP, société spécialisée en produits pour l'automobile, sur son aileron arrière.

Au début des années 1970, quelques sociétés s'aventurent en F1, s'affichant soit sur la carrosserie d'une équipe dite officielle, soit sur les voitures engagées par des équipes privées. C'est le cas de Yardley, marque de soins britannique, qui s'affiche sur la BRM ainsi que sur la McLaren. Les deux équipes passeront sous les couleurs de Marlboro par la suite. Les monoplaces engagées par Surtees ont eu des sponsors différents au début des années 1970, comme la marque de thés Brooke Bond ou les céramiques Pagnossin.

Le début des années 1970 marque également l'arrivée de Martini, célèbre marque d'alcool, dans l'univers de la F1. L'entreprise italienne débute son partenariat du sport automobile sous l'impulsion de deux hommes : Paul Goppert, responsable de la publicité et des relations publiques de Martini en Allemagne, et Hans-Dieter Dechent, pilote d'endurance et dirigeant d'une concession Opel appartenant à son père à Sarrebruck, en Allemagne. Martini s'affiche d'abord sur les Porsche. En 1971, c'est la consécration pour la marque italienne, qui s'impose lors des 24 Heures du Mans avec un certain Helmut Marko.

En F1, Martini entre discrètement en s'apposant sur les monoplaces de l'équipe Tecno avant de rejoindre Brabham en 1975.

C'est également à cette époque qu'arrive Parmalat, un sponsor qui traversera les décennies. Dans un premier temps, l'entreprise italienne est le sponsor personnel de Niki Lauda avant de prendre la suite de Martini chez Brabham en

1978. Le partenariat court jusqu'à la fin de la saison 1984 avant que la marque ne revienne au milieu des années 1990.

La fin des années 1970 voit l'arrivée de nombreux partenaires inattendus, flirtant parfois avec la provocation. C'est le cas du magazine de charme Penthouse, qui s'affiche sur les Hesketh, ou de la marque de préservatifs Durex sur la Surtees.

Cette époque est marquée par une ambiance décomplexée, où le sexe prenait une place importante dans un univers typiquement masculin. Quand on parle des années 1970, on fait un parallèle avec les séducteurs du paddock. Le plus connu de tous n'est autre que James Hunt. Le Champion du Monde 1976 aurait eu de nombreuses aventures durant sa carrière. On parle de plus de 2 500 conquêtes en sept ans, selon une étude d'un magazine néerlandais. John Hogan, célèbre figure de Philip Morris en F1, a même raconté une histoire autour des trois jours où l'ensemble du paddock est resté à l'hôtel à cause du mauvais temps, quelques jours avant le Grand Prix du Japon, au Mont Fuji. Dans cet hôtel, il y avait également les hôtesses des compagnies aériennes Air France et British Airways. La suite est connue...

Le paddock regorgeait de séducteurs, comme François Cevert, dont le regard était réputé perçant, ou encore Clay Regazzoni.

A la fin des années 1970, un nouveau type de sponsor fait son arrivée sur les monoplaces de l'équipe Williams : l'Arabie saoudite. Le prince Mohammed Bin-Fahd, le deuxième fils du prince héritier Fahd, cherche à promouvoir son pays via la F1. Un accord est trouvé avec Frank Williams et la compagnie aérienne Fly Saudia s'affiche sur les monoplaces britanniques. D'autres partenaires de la péninsule viennent apposer leur logo sur la voiture britannique. On peut parler de Techniques d'Avant Garde (TAG), entreprise créée par l'homme d'affaires syrien Akram Ojjeh et son fils Mansour Ojjeh, qui deviendra par la suite un actionnaire majeur de McLaren, ou encore la chaîne hôtelière Albilad, appartenant à Mohamed Ben Laden.

Les sponsors propriétaires

Il faut attendre les années 1980 pour qu'un sponsor devienne propriétaire d'une équipe. Ce sponsor n'est autre que Benetton, marque italienne de prêt-à-porter. Elle fait son arrivée en 1983 avec Tyrrell. Le nouveau responsable de la communication Davide Paolini propose à Luciano Benetton de s'intéresser à la F1. Las de voir que l'équipe de Ken Tyrrell refuse de passer au turbo, Benetton se tourne vers Alfa Romeo. En 1985, Benetton devient également le sponsor de l'équipe Toleman, en difficulté financière, tout en continuant à soutenir Alfa Romeo, qui décide de quitter la F1 à la fin de la saison.

Au cours de l'hiver 1985-1986, Luciano Benetton rachète l'équipe Toleman pour deux millions de livres sterling. Elle est rebaptisée Benetton. Le magnat de la mode récupère par la même occasion les moteurs BMW.

L'aventure Benetton en F1 sera couronnée de succès puisque l'équipe italienne, basée en Angleterre, remporte les titres pilotes en 1994 et 1995 avec Michael Schumacher ainsi que le titre constructeurs lors de la deuxième année.

Fort de 27 victoires en 260 Grands Prix, Benetton décide de céder son équipe à Renault, qui a motorisé l'équipe entre 1995 et 1997.

Quand on parle de sponsors devenus propriétaires d'une équipe, Red Bull s'impose comme un cas emblématique. La marque autrichienne de boissons énergétiques a sponsorisé Gerhard Berger durant la saison 1986 chez Benetton et la saison 1987 chez Ferrari. Son premier engagement en tant que sponsor d'une équipe date de 1995. Red Bull est le sponsor titre de la jeune écurie Sauber. En mauvaise posture suite au départ de Mercedes vers McLaren, l'équipe suisse fait face à des problèmes financiers. Dietrich Mateschitz, l'un des fondateurs de la marque, accepte de sponsoriser l'équipe pour près de 10 millions d'euros. Il prend, par la même occasion, la majorité des parts de l'entité. Cette relation va continuer jusqu'en 2004, malgré un bref retrait dès 2001 suite à un désaccord avec Peter Sauber sur le choix des pilotes. Cette année-là, Dietrich Mateschitz vendra ses parts du capital de Sauber.

Outre Sauber, Red Bull s'affiche également sur l'Arrows, en échange du placement du pilote brésilien Enrique Bernoldi. La marque autrichienne investit 13 millions d'euros dans l'équipe dirigée par Tom Walkinshaw et tente d'en prendre le contrôle en négociant le rachat des parts détenues par Morgan Grenfell (50 % du capital). Il obtient ainsi une option exclusive en cas de vente. En mai 2002, alors que l'équipe est aux abois, Dietrich Mateschitz accepte de racheter les voitures, la propriété intellectuelle de leur utilisation et le droit d'engagement, le tout pour 22 millions d'euros, avec liquidation des créances extérieures d'un montant de 23 millions d'euros. Il injecte aussi un peu moins de 8 millions d'euros en cash pour maintenir l'équipe opérationnelle. Mais Morgan Grenfell refuse la proposition et l'équipe disparaît quelques mois plus tard.

Cette aventure avortée ne stoppe pas le magnat de la boisson énergétique. En 2004, Red Bull s'affiche sur les Jaguar, avec l'arrivée de Christian Klien. Au cours de l'été, Ford, qui détient l'équipe de F1, décide de la mettre en vente. Red Bull est en négociation directe avec Tony Purnell, directeur de l'équipe, tandis que Mark Gallagher, responsable des accords avec les sponsors, est en Chine à la recherche d'investisseurs.

Comme le raconte ce dernier dans son livre « The Business of Winning », Ford voulait au départ vendre Jaguar à une entité chinoise. L'idée de créer Ford Team China surgit mais sera très rapidement avortée. Tony Purnell signe un accord avec Dietrich Mateschitz, qui prévoit une vente pour l'euro symbolique en échange d'un investissement de 310 millions d'euros sur les trois prochaines années. Cette vente empêche à Ford de dépenser 22 millions d'euros d'indemnités de licenciement mais aussi d'assumer les frais de cessation des activités de l'usine estimés à 350 millions d'euros.

Mais l'histoire ne s'arrête pas là. En 2005, Dietrich Mateschitz rachète l'équipe Minardi. Il associe Gerhard Berger à cette opération. Ce dernier se retire après quelques années.

Il existe d'autres sponsors qui ont un jour détenu une équipe, comme Footwork qui a repris les activités d'Arrows entre 1991 et 1993. L'équipe britannique conserve le nom de Footwork jusqu'à la fin de la saison 1996. Marussia a repris les activités de Virgin à partir de la saison 2012 jusqu'en 2015. Andrey Cheglakov, principal soutien de l'équipe qui a fait courir Jules Bianchi en F1, s'est retiré une année avant la disparition de l'équipe.

Les escrocs de la F1

L'histoire du sponsoring en F1 va de pair avec celle des personnages troubles qui, attirés par le prestige de la discipline, ont tenté leur chance. Les citer tous serait une tâche ardue, l'univers de la F1 attirant les personnes fortunées ou qui prétendaient l'être. Quelques-uns ont marqué leur passage pour de mauvaises raisons.

David Thieme fonde en 1973 la société Essex Overseas Petroleum Corporation, spécialisée dans la cotation du pétrole. Il profite de l'instabilité politique pour réaliser des bénéfices. A partir de la saison 1979, l'homme d'affaires né à Minneapolis sponsorise l'équipe Lotus. On estime le montant du sponsoring à 4 millions de dollars. Mais en avril 1981, David Thieme est arrêté à l'aéroport de Zurich pour avoir détourné environ 7,6 millions de dollars auprès du Crédit Suisse. Finalement, deux semaines plus tard, il est libéré sous caution, qui aurait été payée par Akram Ojjeh et il n'a jamais été inculpé. Le nom de l'entreprise disparaît des monoplaces de l'équipe Lotus, tout comme David Thieme.

Dans les années 1990, les escrocs se multiplient en F1. Jean-Pierre Van Rossem, mathématicien belge qui s'est spécialisé dans l'économie, crée Moneytron dans les années 1980. Ce système permet d'anticiper les réactions des marchés financiers et par conséquent aux personnes qui lui font confiance de faire de belles plus-values. Ce dernier ne prend qu'une commission de 5 %. A la tête d'une belle fortune, il rachète l'équipe Onyx en 1989. Cependant, un an plus tard, il est arrêté. Moneytron s'avère être en réalité une chaîne de Ponzi puisque l'argent confié par les nouveaux investisseurs sert à payer la rémunération des précédents. Il est condamné pour escroquerie.

Depuis sa cellule, Jean-Pierre Van Rossem se lance en politique et est élu député. Il se fait remarquer au Parlement en 1993, lors du serment du Roi Albert II, en hurlant « *Vive la République d'Europe* », en hommage à Julien Lahaut qui a fait de même, en 1950, lors du serment du prince Baudouin.

En 1987, March Engineering revient en F1, en reprenant les activités de

RAM Racing. Robin Herd décide d'introduire March Group en bourse, valorisant l'entreprise pour 14,5 millions de livres sterling. C'est alors qu'apparaît Akira Akagi, qui devient le partenaire principal de l'équipe via Leyton House, une société immobilière japonaise. Au début de l'année 1989, l'homme d'affaires japonais reprend les activités F1 et F3000 de March et renomme l'équipe la saison suivante. Mais tout s'arrête deux années plus tard. Akira Akagi est arrêté au Japon avec le directeur d'une compagnie financière basée à Tokyo et deux employés de la Fuji Bank, la quatrième banque mondiale. Les quatre prévenus sont accusés d'avoir détourné à leur profit des dépôts bancaires, portant sur une somme de 700 milliards de yens (2 milliards de dollars), provenant de dix-sept sociétés financières.

Cyril Bourlon de Rouvre, héritier des raffineries de sucre et de la fortune foncière de son arrière-grand-père Charles de Rouvre, se passionne pour la course automobile. Après avoir participé à des rallyes avec Thierry Sabine, il rachète l'écurie AGS en 1989. La jeune équipe varoise s'avère un gouffre financier pour l'entrepreneur, qui aurait dépensé la somme de 18 millions de dollars jusqu'à la vente au duo Patrizio Cantù et Gabriele Raffanelli en 1991.

Mais Cyril Bourlon de Rouvre continue son aventure en F1 en investissant dans Ligier. Il acquiert dans un premier temps 21 % de l'équipe détenue par son fondateur Guy Ligier, avant de monter sa participation à 90 % quelques mois plus tard, pour un total estimé à 200 millions de francs. Cependant, l'aventure de l'entrepreneur français en F1 s'arrête peu après le rachat de la Cofragec par UGC. Les dirigeants déposent plainte pour escroquerie, la société vendue ayant été vidée l'ensemble de son actif (estimé à 172,6 millions de francs). Ligier passe entre les mains de Flavio Briatore en 1994.

D'autres personnes peu fréquentables ont eu un rôle en F1 au cours des années 1990. On peut citer le « magnat de la chaussure » Andrea Sassetti, qui a racheté l'équipe Coloni en 1991 pour 8 millions de dollars et l'a engagée sous le nom d'Andrea Moda Formula. Mais c'est un fiasco et la FIA l'exclut du Championnat du Monde lors du Grand Prix d'Italie. L'homme a été arrêté en Belgique pour usage de fausses factures.

Sulaiman Al-Kehaimi, fils de l'ambassadeur du Liban en Grande-Bretagne, a connu une expérience très courte en F1. Lors du Grand Prix de Monaco 1996, il annonce racheter 51 % de l'équipe Tyrrell. Mais le lendemain du Grand Prix remporté par Olivier Panis, tout s'effondre. L'équipe britannique rompt l'accord et poursuit l'homme. Il est finalement blanchi lors de son procès.

Prince Malik Ado Ibrahim, homme britannique originaire du Nigéria, promet un chèque de 125 millions de dollars pour sauver l'équipe Arrows. Actionnaire d'une partie du capital, le Prince fait apposer sur les monoplaces le nom de sa société T-Minus. Il disparaît avant la fin de la saison, sans avoir donné le moindre dollar. Il refait surface aux Etats-Unis en 2004 où il engage une voiture en NASCAR Craftsman Truck. Il est finalement accusé de vol et de fraude, après avoir détourné 625 000 dollars au père de Robert Richardson, pilote de son équipe.

Encore récemment, des figures douteuses ont approché la F1. Mansour Ijaz, homme d'affaires américain aux origines pakistanaises, promet d'acquérir, via le consortium Quantum Motorsports, 35 % de l'équipe Lotus, détenue par Genii Capital. Il est un maître de la communication, ayant révélé l'affaire du « Memogate » (l'affaire du mémorandum de l'ambassade du Pakistan aux États-Unis qui, dans un mémo, demandait à l'administration Obama d'adresser un « *message fort, urgent et direct aux généraux Ashfaq Kayani et Ahmed Shuja Pasha* » afin « *de mettre un terme à la stratégie visant à affaiblir l'appareil civil* »). Il n'apporte jamais les fonds promis, fragilisant un peu plus une équipe qui était déjà en grande difficulté.

12
LA F1 QUI FUME
Fumer nuit gravement à votre santé et celle de votre entourage

MICROCOSME DE LA FORMULE 1

« *Mes voitures ne fument pas, et elles ne fumeront jamais* », s'exclamait un jour Enzo Ferrari. L'industrie du tabac a marqué de son empreinte la F1, en apportant de nombreux milliards de dollars et en imposant des livrées devenues mythiques, désormais indissociable du pinacle de la monoplace.

L'arrivée du tabac en F1 a lieu en 1968 par un contournement des règles. A l'époque, le sponsoring était strictement réservé aux produits directement liés à la compétition, comme les fabricants de carburant, les manufacturiers de pneus ou les fournisseurs de pièces comme les bougies d'allumage, les pistons, les freins et les embrayages.

Lors de la première manche du Championnat du Monde, sur le circuit de Kyalami, hôte du Grand Prix d'Afrique du Sud, John Love souhaite engager deux monoplaces, une Brabham et une LDS. Cependant, le contexte politique de la Rhodésie, territoire non reconnu de l'Afrique australe à laquelle on a imposé des sanctions internationales, complique la situation. Ce pays possède un fort potentiel d'exportation du tabac. C'est alors qu'intervient Joe Putter. Vendeur de la marque de cigarettes Gunston, qui entre sur le marché du tabac en Afrique du Sud, il engage les deux voitures sous le nom de Team Gunston, contournant la règle du sponsoring. Le cigarettier s'offre ainsi une belle publicité à l'occasion d'un Grand Prix où John Love termine à la 9e place, à cinq tours de Jim Clark.

A Jarama, cinq mois plus tard, les Lotus de Colin Chapman arborent une nouvelle livrée et surtout un nouveau partenaire : Gold Leaf, qui appartient à Imperial Tobacco. Le contrat, d'une durée de trois ans, aurait été valorisé à 250 000 dollars.

Les cigarettiers contaminent la F1

Depuis cette exposition, les cigarettiers comprennent le potentiel commercial colossal que représente la F1. Le plus emblématique est Marlboro, appartenant à Philip Morris. La marque au chevron débute son aventure en F1 lors du Grand Prix de Monaco 1972, en sponsorisant BRM. A l'époque, Philip Morris donnait 250 000 dollars pour un contrat de deux saisons. En 1973, l'équipe Iso, précurseur de Williams, reçoit le soutien du cigarettier au Cow-Boy.

Ce n'est qu'en 1974 que McLaren prend la célèbre livrée, qui restera jusqu'à la fin de la saison 1996. L'équipe basée à Woking est la première à avoir un sponsor donnant plus d'un million de dollars par saison. Le montant exact de l'accord est de 3 millions de dollars.

Mais ce n'est pas la seule équipe qui dispose du soutien de Marlboro. La fameuse Scuderia Ferrari, dont les voitures ne fumeront jamais, signe un contrat avec la marque à partir de 1973 comme partenaire des pilotes de l'équipe italienne, avant de devenir un sponsor secondaire dès 1984 puis sponsor principal de 1993 à la fin de l'année 2022.

Parmi les autres équipes sponsorisées par la marque au chevron figurent

Williams, Alfa Romeo, Merzario, Rebaque, Spirit, Eurobrun, Rial, BMS Dallara, Onyx, Footwork, Forti et Minardi.

Au même moment où Marlboro installe sa marque durablement sur les monoplaces, d'autres font de même, comme John Player Special, qui repeint les Lotus en noir et or dès 1973. Trois ans plus tard, Ligier s'engage en F1 avec la fameuse JS5 et sa célèbre boîte à air qui lui vaudra le surnom de théière. Sur cette dernière, on peut voir la silhouette d'une gitane, logo de la marque éponyme.

Mais ce n'est qu'à la fin des années 1980 que les cigarettiers commencent à prendre davantage de place sur les monoplaces. On peut évoquer l'association Zakspeed avec West, qui deviendra une décennie plus tard le sponsor titre de McLaren. Il y a également Camel, qui a pris la place de John Player Special chez Lotus, et qui s'est invité sur les Lola, avant d'être associé à Benetton et Williams.

L'équipe italienne délaisse le chameau pour prendre les couleurs de Mild Seven tandis que la structure britannique choisit Rothmans avant de s'associer avec Winfield. On peut citer également Jordan qui a fait butiner le jaune Benson and Hedges sur les circuits, ainsi que Prost, qui a quitté la gitane pour une gauloise.

Les politiques, le patch anti-tabac de la F1

Mais le tabac n'a jamais été une industrie appréciée par les politiques. Elle va progressivement être encadrée avant de se faire réprimer par diverses lois.

La première loi anti-tabac est votée en Italie en 1962. Cette loi interdit dans un premier temps la publicité directe. Cela ne s'étend pas à la diffusion et à la publicité des marques et dénominations commerciales si elles n'étaient pas accompagnées de la représentation du produit. Les règles changent en 1991, avec un décret ministériel voté en fin d'année, qui prohibe la publicité télévisée pour le tabac, même effectuée de façon indirecte.

En France, l'impulsion de la loi anti-tabac vient de Simone Veil. A l'époque, elle est ministre de la Santé sous le Gouvernement de Jacques Chirac. Elle interdit la publicité sur certains supports comme la télévision, alors qu'elle est autorisée dans la presse écrite. L'article 10 va plus loin et interdit à la fois le patronage d'une manifestation sportive mais aussi la publicité en faveur du tabac lors d'un événement sportif.

La loi évolue en 1991, avec celle proposée par Claude Evin, Ministre des Affaires Sociales et de la Solidarité sous Michel Rocard. Il renforce l'interdiction de toute propagande ou publicité directe ou indirecte en faveur du tabac ainsi que de toute opération de parrainage liée au tabac.

La Loi Evin va avoir des effets néfastes sur le Grand Prix national. A la veille de la course sur le circuit de Magny-Cours en 1992, le Comité National contre le Tabagisme (CNCT) saisit le tribunal de grande instance de Quimper.

Ce dernier prononce un jugement en référé contre l'utilisation du matériel publicitaire des acteurs du tabac dans un premier temps, avant de s'attaquer à TF1, diffuseur de la F1 en France, afin qu'il ne diffuse aucune image où apparaît un nom de cigarettier ! Le moindre plan-séquence peut coûter 10 000 francs à la première chaîne de France. Patrick Le Lay, alors à la tête de TF1, menace de ne pas diffuser la course. Il se ravise, en s'appuyant sur l'amendement Neuwirth qui prévoit des dérogations pour certaines manifestations comme les Grands Prix de France de F1 ou de motocyclisme.

A cette époque, la McLaren arbore une livrée Marlboro, Benetton affiche Camel sur son capot moteur, présent au même endroit sur la Williams, Dallara et Ferrari apposent un logo Marlboro non loin du cockpit pilote et Gitanes est visible sur plusieurs emplacements de la Ligier.

La FISA décide de supprimer purement et simplement le Grand Prix de France 1993. En effet, une ordonnance de référé rendue le 22 octobre par le tribunal de grande instance de Quimper imposait à l'équipe Williams de produire, sous astreinte de 100 000 francs par jour de retard, le texte de la convention de parrainage qui la lie à une marque de cigarettes, Camel en l'occurrence, et aux sociétés Renault et Renault Sport de produire leur convention avec l'équipe de Grove. Max Mosley, président de la FISA, exigeait « *la garantie formelle qu'aucune voiture ou qu'aucun matériel ne fera l'objet d'une saisie judiciaire ou ne sera retenu sur le territoire français* » auprès de la FFSA, présidée par Jean-Marie Balestre. Ce dernier ne pouvait apporter aucune garantie.

La loi évolue en 1993, avec l'article 71 de la loi du 27 janvier qui autorise la retransmission des compétitions de sports mécaniques qui se déroulent dans des pays où la publicité pour le tabac est autorisée, par les chaînes de télévision, jusqu'à ce qu'intervienne une réglementation européenne. Après une bataille politique, le Grand Prix de France 1993 a lieu et les monoplaces présentes ne font pas la publicité d'aucune marque de tabac.

En Europe, les discussions autour de la fin de la publicité pour le tabac débutent en 1989. Deux ans plus tard, la Commission européenne dépose une directive visant à interdire la promotion des cigarettiers. Cependant, cette directive rencontre de nombreux obstacles, la Cour d'arbitrage jugeant que cela est du ressort des juridictions nationales. Lors d'un deuxième vote au Parlement européen, la proposition est bloquée par l'Allemagne, les Pays-Bas et le Royaume-Uni.

Il faut attendre 1998 pour que les députés européens se mettent d'accord sur une directive visant à interdire la publicité pour le tabac dans l'ensemble des pays membres de l'Union européenne. Ces derniers doivent mettre en vigueur les dispositions législatives, réglementaires et administratives nécessaires pour se conformer à la présente directive au plus tard le 30 juillet 2001. La mise en application doit se faire dans les deux ans, sauf cas exceptionnels qui autorisent le parrainage d'événements ou activités organisées au niveau mondial pour une période supplémentaire de trois ans se terminant au plus tard le 1er octobre

2006.

En 2003, une directive européenne modifie la date d'application et demande aux États membres de mettre en vigueur les dispositions législatives, réglementaires et administratives nécessaires pour se conformer à la présente directive au plus tard le 31 juillet 2005.

Fin 2001, la FIA monte au front et décide de suivre la directive européenne et de bannir toute publicité liée au tabac, conformément à la convention-cadre pour la lutte anti-tabac de l'OMS (l'Organisation Mondiale de la Santé).

« *Sur avis juridique, la FIA a retiré l'interdiction du parrainage du sport automobile par l'industrie du tabac votée en octobre 2000 (avec entrée en vigueur en 2006) et l'a remplacée par la recommandation suivante : Les promoteurs et les concurrents de sport automobile (y compris les propriétaires de circuit, les organisateurs d'épreuves, les équipes et les pilotes) devraient mettre fin à toute forme de parrainage par l'industrie du tabac dès le 1er octobre 2006* », indique le communiqué.

Cependant, la règle change en 2003 et la FIA menace de saisir la Cour européenne de Justice pour contester la directive de Bruxelles interdisant le parrainage par les cigarettiers des courses de F1 dès le milieu de l'année 2005.

Parmi les Grands Prix ayant souffert de la loi antitabac, on peut parler de celui de Belgique en 2003. A la veille des vacances d'été 2002, le dossier vient interrompre les préparatifs. Certains députés demandent le vote d'une dérogation mais les Flamands refusent de céder, aidés par les écologistes. Le Grand Prix est alors en sursis et des discussions doivent avoir lieu entre les organisateurs, la FIA, la FOM et les équipes, pour assurer la course belge sans les cigarettiers. Que nenni ! Bernie Ecclestone, alors à la tête de la FOM, et Max Mosley, Président de la FIA, annoncent que Spa-Francorchamps n'est pas au calendrier 2003 de F1.

« *En l'absence d'un accord unanime entre les écuries de courir le Grand Prix de Belgique 2003 sans publicité liée au tabac, cet événement a été retiré du calendrier du Championnat du Monde* », indique le communiqué de presse.

Officiellement, le tabac disparaît des monoplaces à la fin de la saison 2006, sauf un cas : Philip Morris reste lié à Ferrari. Le cigarettier rachète les emplacements publicitaires de la monoplace italienne pour un montant avoisinant les 150 millions de dollars. Si Marlboro est encore visible sur la carrosserie rouge lors des Grands Prix de Bahreïn et de Monaco 2007, un code-barres prend place le reste du temps.

En 2010, le Commissaire européen pour la santé publique déclare que le code-barre rouge, noir et blanc était une forme de publicité subliminale faisant penser au paquet de cigarettes de Marlboro. Ferrari comme Philip Morris montent au front. L'explication se veut claire et limpide : « *le code barre fait partie de la livrée et non d'une compagnie publicitaire subliminale* », Ferrari soulignant en plus que si c'était une publicité, un copyright serait présent sur le code barre.

Un retour discret du tabac en F1

Philip Morris et British American Tobacco (BAT) reviennent en F1 en 2019. La première marque appose sur les Ferrari « Mission Winnow », une organisation qui a pour objectif de « *conduire le changement en recherchant constamment de meilleures façons de faire les choses* », tandis que la seconde signe un contrat avec McLaren pour y apposer « A Better Tomorrow », dont l'objectif stratégique est de transformer progressivement leur portefeuille en encourageant activement les fumeurs adultes à passer à des produits moins risqués par rapport au tabac.

Selon une étude commune de Stopping Tobacco Organizations & Products et Formula Money, le sponsoring du tabac en 2019 représentait 9,4 %, contre 19,8 % lors de la dernière saison officielle des cigarettiers en F1.

Les estimations de cette étude précisent que Philip Morris aurait versé environ 75 millions de dollars à la Scuderia Ferrari pour apposer « Mission Winnow » sur la carrosserie. La marque était visible lors des Grands Prix de Bahreïn, de Chine, d'Azerbaïdjan, d'Espagne, de Monaco, du Japon, du Mexique, des États-Unis, du Brésil et d'Abu Dhabi.

De son côté, British American Tobacco aurait donné environ 20 millions de dollars à McLaren. Lors des différentes manches du Championnat du Monde, BAT affiche « A Better Tomorrow » (en Chine) et « Accelerating Transformation » (à Abu Dhabi), mais aussi 7-Eleven (en Australie et à Singapour), Couche-Tard (au Canada), Dufry (en France, en Hongrie et au Brésil), Family Mart (au Japon), Lyft (en Espagne, en Autriche, en Grande-Bretagne, en Allemagne, en Italie et en Russie), Night&Day (en Belgique), Vuse (aux USA et à Abu Dhabi) et Vype (à Bahreïn, en Azerbaïdjan, à Monaco et au Mexique).

« Mission Winnow » a généré une exposition d'une valeur de 150,3 millions de dollars, contre 27,6 millions de dollars pour BAT chez McLaren, dont 19,1 millions pour les seules marques de BAT.

Le tabac a été, en dehors des constructeurs engagés en F1, une source de revenu importante pour l'ensemble des équipes. Jusqu'en 2019, 23 marques se sont affichées sur les monoplaces. Le plus grand contributeur est Philip Morris, avec la marque Marlboro, qui a déboursé près de 2,2 milliards de dollars, que ce soit auprès des équipes ou des circuits. Japan Tobacco, qui détient Mild Seven, suit avec un budget de 481,2 millions de dollars. British American Tobacco, présent en F1 avec notamment Lucky Strike et 555, a donné 375,9 millions de dollars.

MICROCOSME DE LA FORMULE 1

13
LES GRANDS PRIX

MICROCOSME DE LA FORMULE 1

Lieu incontournable d'un Grand Prix, le circuit a profondément évolué au fil des décennies, s'ajustant continuellement aux exigences croissantes en matière de sécurité.

La F1, de l'Europe à la mondialisation

La première course du Championnat du Monde a eu lieu à Silverstone, en Grande-Bretagne. Ancienne base de la Royal Air Force, les pilotes empruntent les anciennes pistes d'atterrissage ainsi que les routes extérieures. La suite de cette première année pour la F1 se poursuit dans les rues monégasques, avant de rejoindre le circuit de Bremgarten situé en Suisse. Spa-Francorchamps accueille la cinquième manche sur un circuit empruntant les routes reliant les villes de Francorchamps, Malmédy et Stavelot, avant de courir sur le triangle rémois, où la nationale N31 et les départementales D26 et D27 servent de piste. L'Autodrome de Monza, détruit pendant la Seconde Guerre Mondiale et reconstruit à la fin des années 1940, est le dernier circuit utilisé en 1950 par la F1. A cette époque, les 500 Miles d'Indianapolis comptaient pour le Championnat du Monde, ce qui en fait la première épreuve courue en dehors d'Europe. Cependant, les puristes diront que le Grand Prix d'Argentine 1953, première épreuve de la saison, est la première véritable course de F1 courue sur un autre continent.

Au cours des 75 dernières années, la F1 s'est mondialisée. Depuis l'Argentine en 1953, elle n'a pas hésité à courir à travers le globe. En 1958, l'Afrique accueille sa première course officielle de F1, au Maroc, qui reste la seule courue dans le pays maghrébin. Les Etats-Unis accueillent l'ensemble de la grille F1 sur le circuit de Sebring l'année suivante. Les années 1960 poursuivent la lancée initiée lors de la précédente décennie, avec une nouvelle course sur le sol africain, en Afrique du Sud, et en Amérique, avec le Mexique (1963) et le Canada (1967).

Les années 1970 marquent la découverte d'un nouveau continent, à savoir l'Asie. Le Japon accueille à deux reprises, en 1976 et en 1977, un Grand Prix sur le Mont Fuji. La F1 a également posé ses roues sur l'Amérique du Sud, en allant au Brésil dès 1973.

La poursuite de la mondialisation de la F1 se fait timidement dans les années 1980 puisque seule l'Australie est une nouvelle destination. C'est également le cas dans les années 1990, avec l'arrivée de la Malaisie en 1999.

Les années 2000 marquent une grande évolution dans la mondialisation de la F1, avec l'arrivée de nouvelles épreuves (Bahreïn et Chine en 2004, Turquie en 2005, Singapour en 2008 et Abu Dhabi en 2009). C'est également à cette période, avec l'augmentation croissante des courses commencées quelques décennies auparavant, que l'Europe cesse d'être le berceau de la F1, avec moins de la moitié des courses courues sur son sol (mais reste le continent le plus visité).

Quatre nouvelles destinations font leur apparition lors de la décennie suivante : la Corée du Sud en 2010, l'Inde en 2011, la Russie en 2016 et l'Azerbaïdjan en 2017.

Depuis, la F1 a visité de nombreux pays et a couru sur l'ensemble des continents. Aujourd'hui, le Circus voyage sur quatre continents : l'Europe, l'Asie, l'Océanie et l'Amérique, jonglant entre les circuits permanents (comme Bahreïn) et les circuits urbains (comme Monaco).

Organiser un Grand Prix, une opération coûteuse

L'organisation d'un Grand Prix de F1 peut représenter un investissement important pour un pays, mais il s'avère bénéfique, notamment pour le tourisme. Selon une étude réalisée par Bala Ramasamy et Matthew Yeung, l'attrait touristique d'un pays accueillant un Grand Prix de F1 augmente de 6 % en moyenne (8,6 % pour un pays accueillant une course dans les rues d'une ville contre 5,5 % pour un pays avec un Grand Prix sur circuit). A cela s'ajoutent les retombées économiques d'un événement comme celui-ci. Ces dernières diffèrent d'un événement à un autre. Par exemple, pour le Grand Prix de Las Vegas, dont la première édition a eu lieu en 2023, elles sont de 1,6 milliard d'euros, contre 78 millions pour le Grand Prix de France.

Mais recevoir le pinacle de la monoplace a un coût. Il est difficile de connaître le montant réellement payé par les organisateurs pour accueillir le Grand Prix de F1. Le site Statista a réalisé une étude sur le sujet, en se basant sur le calendrier 2023. L'étude estime que l'Azerbaïdjan paye la somme la plus élevée (57 millions de dollars), devant le quatuor composé de l'Arabie saoudite (55 millions de dollars), le Qatar (55 millions de dollars), Bahreïn (52 millions de dollars) et Abu Dhabi (42 millions de dollars). La Hongrie est le premier pays européen de cette étude, donnant 40 millions de dollars pour accueillir la F1. Au fond du classement, on retrouve Monaco (20 millions de dollars), Imola (21 millions de dollars) et la Belgique (22 millions de dollars).

Chaque année, l'Australian Grand Prix Corporation publie un rapport financier arrêté au 30 juin de chaque année sur le Grand Prix de F1 ainsi que celui de MotoGP.
Pour l'édition 2023 de la course de monoplace, les revenus générés sont de 96,922 millions de dollars australiens, dont 76,036 millions provenant de la vente des billets et 12,512 millions du sponsoring. Les dépenses se sont élevées à 197,571 millions, dont 119,285 millions pour les frais d'organisation et 68,354 millions pour l'ingénierie (montage, démontage et entretien des infrastructures).
Le Gouvernement de Victoria a dû investir 100,649 millions dans la course de F1. A titre de comparaison, pour la course MotoGP de la saison 2022, l'Etat a dû investir 27,333 millions.

Monaco, le circuit princier

De tous les circuits qui ont composé ou composent encore le Championnat du Monde de F1, Monaco reste un rendez-vous à part. Couru dans les rues de la ville, le Grand Prix monégasque a longtemps joui de nombreux avantages, qui disparaissent peu à peu depuis l'arrivée de Liberty Media à la tête de la F1.

Pendant de nombreuses années, le Grand Prix de Monaco aurait accueilli la F1 à un tarif fortement réduit, par rapport aux autres circuits du calendrier, voire gratuitement. Aussi, les revenus liés à la publicité revenaient directement à l'organisateur de la course, à savoir l'Automobile Club de Monaco (ACM). L'épreuve avait son propre diffuseur, à savoir Télé Monte-Carlo. Autant d'avantages qui faisaient de la course monégasque une course à part. Aujourd'hui, les organisateurs paient leur place au calendrier (estimée à 20 millions de dollars) et la réalisation de la course est assurée par la FOM depuis 2023.

Cependant, l'organisation d'une telle épreuve dans les rues étroites de la Principauté nécessite un budget considérable. En effet, au milieu des années 2010, le budget du Grand Prix de Monaco était de 34 millions d'euros, pour des recettes estimées à 34,2 millions d'euros (subvention, publicité et vente de billets).

Selon une étude de l'IMSEE portant sur l'édition 2017, les retombées économiques directes s'élèvent à 21,7 millions d'euros.

Mais ce ne sont pas les seules puisque les retombées économiques indirectes sont bien plus importantes, avec 18,1 millions d'euros pour le secteur de l'hébergement, 18,6 millions d'euros pour le secteur des bars et de la restauration, 18 millions d'euros pour la billetterie, 6,9 millions d'euros pour les loisirs, 2,6 millions d'euros pour le secteur des transports et 4,1 millions d'euros pour les autres retombées indirectes (autorisations de ventes ambulantes, extensions de terrasses, location d'espaces, vignettes pour les véhicules de transport de personnes, fourrières et autres services publics). Au global, les retombées économiques indirectes sont évaluées à 68,3 millions d'euros.

Les retombées économiques, directes et indirectes, pour les quatre jours du Grand Prix de Monaco 2017, sont de 90 millions d'euros.

Mais ce ne sont pas les seules retombées de l'épreuve monégasque, présente au calendrier de la F1 depuis le premier Championnat du Monde, en 1950. Monaco jouit d'une retombée médiatique, avec la diffusion de la course sur les cinq continents, rassemblant selon le rapport de l'IMSEE environ 400 millions de téléspectateurs, dont plus d'un million en France. Le week-end monégasque a également des retombées au profit d'actions caritatives, avec le célèbre match de football opposant depuis 1981 l'équipe des pilotes, la Nazionale Piloti, et l'équipe des célébrités, menée par S.A.S. Le Prince Albert II, ainsi que les soirées Amber Lounge.

Cependant, la Principauté de Monaco ne profite pas seule des retombées économiques de sa course. L'étude de l'IMSEE rapporte que la France en bénéficie également, à hauteur de 7,3 millions d'euros.

Sur le Rocher, le plus grand bénéficiaire de la course monégasque n'est autre que la Société des Bains de Mer de Monaco (SBM), compagnie contrôlée par l'État monégasque et gestionnaire de nombreux actifs dans l'hôtellerie haut de gamme et les loisirs (comme le Casino) au sein de la Principauté.

Fondée en 1863 sur ordonnance princière par S.A.S. Charles III et cédée pour 50 ans à François Blanc, homme d'affaires, ce qui lui accorde le privilège d'exploiter le monopole des jeux d'argent à Monaco contre 1,7 million de francs, une rente annuelle de 50 000 francs et 10 % des bénéfices nets, la société est le principal employeur de Monaco.

Cette dernière révèle que 5 % de son chiffre d'affaires provient des quatre jours du Grand Prix de Monaco, soit 23,6 millions d'euros. Si l'on prend les chiffres de 2010, donnés par Forbes, ce sont 3.400 nuitées vendues dans les quatre hôtels de la SBM et 20.000 couverts de faits dans les 32 restaurants du groupe, le tout en quatre jours seulement, soit un revenu global de 12,2 millions d'euros.

Spa-Francorchamps, le Toboggan des Ardennes

Parmi les épreuves historiques du calendrier de la F1, le Grand Prix d'Italie figure comme un pilier incontournable. Il s'est disputé chaque année sur le circuit de Monza, à l'exception de 1980 où la course a été déplacée à Imola. On peut citer comme autre exemple emblématique le Grand Prix de Belgique et son célèbre circuit de Spa-Francorchamps.

Le « Toboggan des Ardennes » est le circuit le plus long du calendrier moderne de la F1, avec ses 7,004 kilomètres. Il a accueilli, en comptant l'édition 2024, 57 éditions de la course belge, contre 10 pour le circuit de Zolder et 2 pour celui de Nivelles.

Le Grand Prix de Belgique a plusieurs fois été écarté du calendrier de la F1. En 1957, le circuit de Spa-Francorchamps n'est pas inscrit comme épreuve du Championnat du Monde. Il accueille tout de même une course hors-championnat remportée par Tony Brooks. Le scénario se reproduit deux années plus tard, où la piste belge reçoit les pilotes pour une course ne comptant pas pour le titre mondial.

L'édition 1969 a été le premier Grand Prix à être volontairement évité. En effet, les pilotes, par la voix de Jackie Stewart, boycottent l'épreuve pour des raisons de sécurité. Le pilote écossais, qui a inspecté la piste sur demande du GPDA, a exprimé son inquiétude sur la sécurité, qui n'a pas évolué depuis de nombreuses décennies. De son côté, l'Automobile Club de Belgique refuse de prendre des mesures pour assurer la protection des pilotes comme des spectateurs, faute de moyens financiers. Malgré un retour l'année suivante, Spa-Francorchamps est à nouveau boudé pour le Championnat du Monde en 1971, laissant sa place à Nivelles et Zolder jusqu'en 1983 avant un retour définitif en 1985.

En 2003, c'est la législation antitabac qui entraîne la suppression du Grand Prix de Belgique. A cette époque, le parti écologiste Ecolo, fort de 11 sièges à la Chambre des représentants et de 3 sièges au Sénat, rejoint le gouvernement composé de Guy Verhofstadt (la coalition arc-en-ciel). Le parti milite notamment pour l'interdiction de la publicité pour le tabac. Cette loi, dans l'esprit d'une directive européenne, entre en application au 1er août 2003. Bernie Ecclestone, alors à la tête de la F1, fulmine et décide de déterrer la hache de guerre, en retirant le Grand Prix de Belgique du calendrier de la saison 2003. A cette époque, les cigarettiers ont une place importante dans l'économie de la F1, finançant une grande partie du plateau.

2006 marque la dernière année où la course belge n'est pas au calendrier de la F1. Après l'édition 2005, le circuit de Spa-Francorchamps se lance dans des travaux d'améliorations pour un montant avoisinant 20 millions d'euros. Cependant, les retards s'accumulent, ce qui compromet la course de 2006. Au début de l'année, le Royal Automobile Club de Belgique (RACB) annonce l'annulation de l'épreuve, avec un retour dès 2007.

Spa Grand Prix, société assurant l'organisation de la course belge, a été fondée en 2006. De 2007 à 2012, le Grand Prix de Belgique a accumulé près de 34 millions d'euros de pertes, portées à presque 45 millions si l'on ajoute la dette des années 2013 et 2014. Il faut savoir que le plus gros poste de dépense de Spa Grand Prix est la redevance payée à la FOM, évaluée à 14 millions d'euros, à peine couverte par le chiffre d'affaires réalisé.

En 2023, une étude menée par le cabinet de conseil liégeois Eklo, en collaboration avec le SEGEFA (Service d'Etude en Géographie Economique Fondamentale et Appliquée de ULiège), HEC-Consulting Group et le Professeur Didier Van Caillie de HEC-ULiège, révèle les retombées économiques directes, indirectes et induites générées en 2023 pour l'ensemble des activités du circuit de Spa-Francorchamps. Elles sont estimées au total à 147 millions d'euros, dont 7 millions de retombées directes et 43,7 millions pour les indirectes. Quant aux retombées fiscales, elles sont évaluées à 84,2 millions d'euros.

Dans le même temps, les comptes de Spa Grand Prix pour l'année 2023 font apparaître un déficit de 2,26 millions d'euros. Le chiffre d'affaires est de 39,58 millions d'euros, en hausse de 39,7 % par rapport à 2022. Les revenus de la billetterie représentent 84,8 % des produits, aidés par la hausse de la fréquentation de 8,4 % et un Grand Prix « sold-out » pour la deuxième année consécutive. Les coûts s'élèvent à 41,44 millions d'euros, en hausse de 23,8 %. La redevance payée à la FOM a augmenté de 17,9 %, le prix ayant progressé de trois millions de dollars et en raison d'une évolution défavorable du taux de change entre l'euro et le dollar.

Wallonie Entreprendre, anciennement SOGEPA, est l'actionnaire majoritaire de Spa Grand Prix. La Région wallonne compense, via cette société, les pertes de l'organisateur de la course belge. Entre 2019 et 2023, les pertes cumulées sont de 22,25 millions d'euros.

14
LE MOYEN-ORIENT INVESTIT DANS LA F1

MICROCOSME DE LA FORMULE 1

Le 4 avril 2004, pour la première fois de l'histoire de la F1, les feux s'éteignent sur le circuit de Sakhir, pour donner le départ du premier Grand Prix de Bahreïn. Cette course marque une étape décisive dans l'expansion de la F1 au Moyen-Orient. Depuis, plusieurs pays du Moyen-Orient ont intégré le calendrier, comme Abu Dhabi, l'Arabie saoudite ou encore le Qatar.

Le Moyen-Orient et la F1, une histoire qui date

L'histoire entre la F1 et le Moyen-Orient n'a pas commencé au début des années 2000. Le premier investisseur venu de cette région de l'ouest asiatique est l'Arabie saoudite. En 1977, le prince Mohammed Bin-Fahd, le deuxième fils du prince héritier Fahd, cherche à investir en F1 pour faire connaître son pays. Un accord est trouvé avec Frank Williams et la société de transport aérien Fly Saudia s'affiche sur les monoplaces britanniques. D'autres partenaires de la péninsule viennent apposer leur logo sur la voiture britannique. On peut parler de Techniques d'Avant-Garde (TAG), entreprise créée par l'homme d'affaires syrien Akram Ojjeh et son fils Mansour Ojjeh ou encore de la chaîne hôtelière Albilad, appartenant à Mohamed Ben Laden, père d'Oussama Ben Laden. Le partenariat avec Fly Saudia, dernier sponsor présent sur les monoplaces de l'équipe de Grove, se termine à la fin de la saison 1984.

De son côté, Akram Ojjeh ne s'est pas arrêté à Williams et poursuit son aventure avec la F1 en devenant dans un premier temps partenaire de McLaren.

L'histoire débute en 1983. A cette époque, Ron Dennis, à la tête de l'équipe de Woking après la fusion avec sa structure Project Four Racing, demande à Porsche de construire un moteur turbo. Cependant, le motoriste allemand accepte à condition de ne pas en supporter le coût. C'est là qu'intervient TAG, qui accepte de financer le programme via la société TAG Turbo Engines.

Le moteur court sa première course à l'occasion du Grand Prix des Pays-Bas 1983 avec Niki Lauda. Les premières courses du bloc allemand rebaptisé ne sont pas à la hauteur, aucun point n'étant marqué en quatre Grands Prix. La saison suivante, c'est une autre histoire puisque Niki Lauda et Alain Prost, nouveau pilote de l'équipe britannique, se battent pour le titre mondial, qui reviendra au pilote autrichien pour 0,5 point ! Le pilote français remporte le titre mondial l'année suivante. McLaren utilise le moteur Porsche rebadgé TAG jusqu'à la fin de la saison 1987, avant de passer à Honda.

Du côté de la société d'Akram Ojjeh, l'année 1985 marque un rachat important : celui de l'horloger Heuer. De ce rachat naît TAG Heuer, détenu depuis 1999 par LVMH.

L'association entre McLaren et TAG ne s'arrête pas à la fin du partenariat avec Porsche puisque la société d'Akram Ojjeh prend 60 % de McLaren International, tout en restant un sponsor de l'équipe britannique. Ses parts vont évoluer au fur et à mesure du temps, notamment avec l'arrivée de Bahrain Mumtalakat Holding Company, fonds souverain du Royaume de Bahreïn, en 2007.

A la clôture des comptes 2022 de McLaren Group, qui détient notamment McLaren Racing, la société de la famille Ojjeh détient encore 14,39 % tandis que le fonds bahreïni détient 59,91 %. Le 22 mars 2024, Mumtalakat devient l'actionnaire unique du groupe de Woking.

Le premier Grand Prix au Moyen-Orient et le début d'un investissement massif

Le 4 avril 2004, c'est l'événement dans la péninsule arabique. Les pilotes F1 sont présents sur le circuit de Sakhir, conçu par l'architecte de la F1 Hermann Tilke, pour le premier Grand Prix de Bahreïn de l'histoire de la discipline. Cette course est la première pierre de l'investissement du Moyen-Orient en F1.

Le Royaume ira jusqu'à utiliser l'espace publicitaire disponible sur la Jordan pour promouvoir l'événement. Sous l'impulsion du Cheikh Salman bin Hamad bin Isa Al Khalifa, plusieurs messages humanitaires sont apparus sur le capot moteur des monoplaces irlandaises au début de la saison 2004.

A partir de 2005, les Emirats arabes unis (EAU) commencent à investir en F1. Le premier partenariat a lieu avec Ferrari, lorsque Mubadala Development Company prend 5 % du capital du constructeur italien, avant de les revendre en 2010 à Fiat. Aussi, Mubadala devient sponsor de l'équipe italienne de 2007 à 2010.

Lors de la saison 2006, les Emirats investissent chez McLaren via la compagnie aérienne Fly Emirates. La collaboration entre les deux entités, évaluée à 25 millions de dollars, ne dure qu'une saison.

En 2007, plusieurs événements interviennent. Le Grand Prix d'Abu Dhabi est annoncé lors d'un festival dans les rues de la capitale des EAU. Au même moment, deux sociétés signent un partenariat avec l'équipe Spyker, à savoir Etihad Airways, compagnie aérienne nationale de l'EAU, et Aldar Properties, société de développement, de gestion et d'investissement en immobilier et en charge de la construction du circuit devant accueillir le Grand Prix d'Abu Dhabi.

Le circuit de ce dernier est conçu par Hermann Tilke et est construit sur l'Île de Yas. Un hôtel surplombe la piste qui va accueillir la première course débutant de jour et se terminant de nuit. La première course a lieu à la fin de la saison 2009.

Après une saison sur les monoplaces orange, Etihad Airways prolonge son aventure en F1 en rejoignant la Scuderia Ferrari pour un contrat de trois saisons.

L'investissement de la péninsule continue en 2009, lorsque Aabar Investments prend une participation dans l'équipe Mercedes Grand Prix, qui prendra le relais de Brawn Grand Prix dès la saison 2010. La société spécialisée dans les investissements détient 40 % du capital de l'équipe de Brackley et s'affiche sur les monoplaces argentées. Fin 2012, Aabar Investments quitte le capital de Mercedes Grand Prix.

En 2013, Fly Emirates devient sponsor officiel de la F1, avec une présence visible sur les circuits.

Selon une étude de Forbes, le Moyen-Orient a investi entre 2004, date du premier Grand Prix dans la péninsule arabique, et 2018 presque 500 millions de dollars dans la F1, que ce soit en sponsoring ou dans l'organisation d'un événement.

Néanmoins, cela ne s'arrête pas aux deux Grands Prix situés à Bahreïn et à Abu Dhabi. Deux autres courses rejoignent le calendrier. L'Arabie saoudite accueille sa première course en 2021 dans les rues de Jeddah tandis que le Qatar installe la F1 sur le circuit de Losail, circuit accueillant déjà le MotoGP, en 2021 avant de revenir en 2023.

Peu avant le week-end au Qatar, en 2024, Qatar Investment Authority (QIA) prend une « *participation minoritaire significative* » dans Sauber Holding AG, dont les actions ont été rachetées plus tôt par Audi. Certains observateurs parlent d'une prise de participation à hauteur d'environ un tiers. Rappelons que le constructeur allemand a décidé de faire de la structure suisse son équipe d'usine pour son arrivée sur la grille F1 en 2026. Cela est allé avec l'arrivée de Visit Qatar comme partenaire.

MICROCOSME DE LA FORMULE 1

15
LES DROITS DE L'HOMME ET LA F1

MICROCOSME DE LA FORMULE 1

MICROCOSME DE LA FORMULE 1

Quelle importance les droits de l'Homme peuvent-ils avoir sur l'économie d'une discipline sportive ? Aujourd'hui, la F1 visite jusqu'à 24 pays par an. Parmi eux, nombreux sont ceux régulièrement critiqués pour ne pas respecter les droits de l'Homme.

Dans le chapitre précédent, nous avons mis en lumière l'investissement croissant du Moyen-Orient dans la F1, que ce soit par le biais de financements auprès des équipes, de partenariats commerciaux ou en tant qu'hôtes de Grands Prix. Mais derrière le projecteur se dissimule une vérité plus sombre que les dirigeants de la F1 semblent parfois ignorer ou minimiser, que ce soit Bernie Ecclestone à l'époque ou aujourd'hui Liberty Media.

Il ne s'agit pas ici de faire le procès moral de la F1 vis-à-vis de son engagement dans le respect des droits de l'Homme. La F1 ne tue pas des innocents, la F1 ne fait pas la guerre à des pays, la F1 est et reste un divertissement mais aussi un sport où des pilotes et des équipes se battent pour être les meilleurs. La F1 est une économie à part entière, au même titre que les plus grandes compétitions. On peut citer le football ou encore les Jeux Olympiques.

Avant de dresser le bilan de la F1 au regard des droits de l'Homme, il convient de rappeler qu'en avril 2015, la discipline a adopté une déclaration d'engagement en faveur du respect des droits de l'Homme, disponible sur le site internet officiel de la discipline. Trois points y sont développés :

1. Le Formula One Group s'engage à respecter, dans ses activités mondiales, les droits de l'Homme internationalement reconnus.
2. Tout en respectant les droits de l'Homme dans l'ensemble de nos activités, nous concentrons nos efforts en ce qui concerne les domaines qui sont au sein de notre propre influence directe. Nous le faisons en prenant des mesures proportionnées pour :
    a. comprendre et surveiller selon notre procédure de vérification préalable, les atteintes potentielles aux droits de l'Homme liées à nos activités ;
    b. identifier et évaluer, en procédant à une vérification préalable le cas échéant, les atteintes aux droits de l'Homme indésirables, réelles ou potentielles, avec lesquelles nous pouvons être impliqués par nos propres activités ou à la suite de nos relations d'affaires, incluant, mais pas uniquement, nos fournisseurs et promoteurs ;
    c. envisager des réponses pratiques à tous les problèmes soulevés lors de nos vérifications préalables, en tenant compte du contexte ;
    d. s'engager, le cas échéant, de sérieuses discussions avec les parties prenantes en ce qui concerne toutes les questions soulevées à la suite de notre vérification, et ;
    e. respecter les droits de l'Homme de nos employés, en particulier les interdictions concernant le travail forcé et le

travail des enfants la liberté syndicale et d'association, le droit de négocier collectivement, et l'élimination de la discrimination en matière d'emploi et de profession.
3. Lorsque les lois et les règles nationales sont en conflit avec les droits de l'Homme internationalement reconnus, le Formula One Group cherchera des moyens de les honorer autant que possible, sans se mettre en violation des lois et règles nationales.

Les destinations controversées de la F1

Depuis quelques années, le nombre de Grands Prix par saison n'a cessé d'augmenter. Mais certaines destinations suscitent polémiques et controverses. Parmi elles, on retrouve des pays présents en Europe, au Moyen-Orient ainsi qu'en Asie.

En Europe, la Hongrie, dont le Grand Prix a lieu sur le mythique Hungaroring, s'est attirée les foudres de l'Union européenne. Dans la loi votée en juin 2021, il est spécifié que « *la pornographie et les contenus qui représentent la sexualité ou promeuvent la déviation de l'identité de genre, le changement de sexe et l'homosexualité ne doivent pas être accessibles aux moins de 18 ans* ». Ce texte s'inscrit dans une politique anti-LGBT bien plus large, malgré le fait que Viktor Orbán, Premier ministre du pays, en assure le contraire. Quelques mois avant la loi, l'adoption par des couples de même sexe est interdite et la notion de genre est inscrite dans la Constitution, définissant le «sexe à la naissance « *comme le «sexe biologique* ». En réponse, quinze États membres de l'Union Européenne et le Parlement européen ont saisi la Cour de justice de l'Union européenne (CJUE) et la procédure est toujours en instance.

La Chine, absente du calendrier entre 2020 et 2023 en raison de la pandémie mondiale, souffre d'une mauvaise réputation en matière de droits humains. Dans son rapport d'avril 2024, Amnesty International écrit en préambule que « *la sécurité nationale a continué à servir de prétexte pour empêcher l'exercice de certains droits, notamment les droits à la liberté d'expression, d'association et de réunion. Les discussions sur de nombreux sujets faisaient l'objet d'une censure étroite, sur Internet comme ailleurs. Des défenseur·e·s des droits humains, entre autres, ont été soumis à des détentions arbitraires et des procès inéquitables. La situation des droits humains dans la région autonome ouïghoure du Xinjiang restait catastrophique et l'impunité persistait pour les graves violations des droits humains commises contre les Ouïghour·e·s, les Kazakh·e·s et d'autres minorités ethniques à majorité musulmane dans cette région* ».

Human Rights Watch (HRW), dans son rapport sur l'année 2023, revient sur la politique chinoise en matière de défense des droits humains, en rappelant la disparition forcée de l'avocat des droits humains Tang Jitian, ou encore les procès secrets contre Xu Zhiyong, un juriste de renom, et Ding Jiaxi, avocat spécialisé dans les droits humains, pour « subversion ». L'organisation a recensé un grand nombre d'affaires controversées dans l'Empire du Milieu.

L'Azerbaïdjan est devenu une destination « carte postale » de la F1, avec un passage dans la vieille ville. Derrière les beaux clichés, se cache une réalité bien plus préoccupante. En septembre 2023, l'Azerbaïdjan a lancé une offensive militaire majeure visant à désarmer et à chasser les autorités de facto du territoire sécessionniste du Haut-Karabakh, poussant la population arménienne à rejoindre l'Arménie. Mais ce n'est pas tout... Selon le rapport d'Amnesty International, « *la répression de la liberté d'expression s'est encore intensifiée. Des journalistes, des défenseur·e·s des droits humains et des militant·e·s ont été arrêtés à titre de représailles pour leur travail. Des manifestations pacifiques ont été réprimées. Des restrictions injustifiées ont été imposées à la presse et aux organisations indépendantes* ».

Depuis le début des années 2000, la F1 a renforcé sa présence au Moyen-Orient, soutenue par des investissements importants. Bahreïn accueille le premier Grand Prix de la région. Malgré le soulèvement bahreïni au printemps 2011, le bilan est aujourd'hui encore discutable dans le Royaume. Amnesty International explique que les droits de personnes privées de liberté ont été bafoués, tandis que la persécution a continué pour les personnes qui critiquent le pouvoir en place. Certaines manifestations pacifiques ont été réprimées en 2023.

Abu Dhabi devient une destination de la F1 à partir de 2009. Capitale des Emirats arabes unis (EAU), elle est sous le viseur des défenseurs des droits humains. Les EAU empêchent « *des représentants d'organisations internationales de défense des droits humains et des experts des Nations Unies de mener des recherches à l'intérieur du pays et de visiter des prisons et des centres de détention* », comme le rapporte HRW. Les derniers rapports font état de nombreux procès, avec des peines d'emprisonnement, aux accusations vagues et larges, en violation de leur liberté d'expression et d'association.

L'Arabie saoudite est récemment devenue une course du calendrier de la F1, se déroulant sur la corniche de Jeddah. En préambule, HRW explique que « *les autorités saoudiennes ont procédé à l'arrestation de dissidents pacifiques, d'intellectuels connus et d'activistes des droits humains et ont condamné des personnes à de lourdes peines de prison pour avoir affiché leurs opinions sur les réseaux sociaux. Les pratiques abusives dans les centres de détention, y compris les tortures et mauvais traitements, les détentions arbitraires prolongées et les confiscations de biens sans procédure juridique claire, demeurent généralisées* ».

La deuxième édition a été l'une des plus controversées. Durant la première séance des essais libres, une explosion a lieu dans un dépôt de carburant d'Aramco, situé à une dizaine de kilomètres du circuit. Cette attaque est attribuée aux Houthis, une organisation chiite. Le paddock, après la deuxième séance des essais libres, se réunit pour discuter de la suite de l'évènement. Plus d'une heure après, Stefano Domenicali confirme la tenue du Grand Prix, assurant faire confiance aux autorités saoudiennes. Cependant, les discussions entre les pilotes s'éternisent jusque tard dans la nuit. Si les pilotes décident de ne pas boycotter le week-end de course. Cependant, plusieurs médias rapportent que Lewis Hamilton, Pierre Gasly, George Russell, Lance Stroll, Fernando

Alonso et Carlos Sainz Jr. n'étaient pas favorables à la poursuite du Grand Prix.

Dernier pays du Moyen-Orient à accueillir la F1, le Qatar ne jouit pas d'une bonne réputation auprès des défenseurs des droits humains. Liberté d'expression restreinte voire inexistante, notamment avec le code pénal qatari qui pénalise le fait de critiquer l'émir, d'insulter le drapeau du Qatar, de dénigrer la religion, y compris par blasphème, et d'inciter à « renverser le régime » ; discriminations auprès des personnes LGBT qui subissent des mauvais traitements lors des arrestations, jusqu'à leur faire signer des promesses de « cesser toute activité immorale » ; Droit de la femme qui est placé sous une tutelle masculine pour de nombreuses situations (mariage, études supérieures, exercice de certains emplois publics, voyage à l'étranger jusqu'à un certain âge ou soin de santé procréative) sans parler des femmes victimes de violences sexuelles qui peuvent être poursuivies et punies, le tableau est loin d'être idyllique.

Le cas de la Russie

La Russie a accueilli la F1 pendant huit années consécutives, sur le circuit de Sotchi, implanté autour des installations des Jeux Olympiques d'hiver. Bien que la course russe ait un contrat avec la F1 jusqu'en 2025, pour une redevance annuelle de plus de 50 millions de dollars, elle est retirée du calendrier au début de l'année 2022.

Dans la nuit du 24 février 2022, la Russie lance « une opération militaire spéciale » en Ukraine. Des explosions sont signalées à Kiev, Kharkiv, Odessa et dans le Donbass, notamment à Marioupol. Des militaires russes font leur entrée depuis le nord, l'est et le sud du pays. Cette situation oblige le monde du sport à s'interroger et à agir. La première réaction provient de la FIA par la voix de son président Mohammed Ben Sulayem. La Fédération a pris différentes mesures :

- Aucune compétition internationale/de zone n'aura lieu en Russie et en Biélorussie, jusqu'à nouvel ordre. Aucun drapeau/symbole ou hymne de la Russie/Biélorussie ne sera utilisé lors des compétitions internationales/de zone, jusqu'à nouvel ordre.
- Aucune équipe nationale russe/biélorusse ne participera aux compétitions internationales/de zone (par exemple, les FIA Motorsport Games), jusqu'à nouvel ordre. Les pilotes, concurrents individuels et officiels russes/biélorusses ne participeront aux compétitions internationales/de zone qu'à titre neutre et sous le «drapeau de la FIA«, sous réserve d'un engagement spécifique et du respect des principes de paix et de neutralité politique de la FIA, jusqu'à nouvel ordre.
- Aucun symbole, couleur ou drapeau national russe/biélorusse (uniforme, équipement et voiture) ne doit être affiché ou aucun hymne ne doit être joué lors des compétitions internationales/de

zone, jusqu'à nouvel ordre.
- Aucune subvention de la FIA ne sera accordée aux Membres de la FIA de Russie/Biélorussie, jusqu'à nouvel ordre. Aucune subvention existante de la FIA ne sera versée aux Membres de la FIA de Russie/Biélorussie.

La dernière mesure phare de ce Conseil Mondial du Sport Automobile exceptionnel n'est autre que l'annulation du Grand Prix de Russie 2022.

Liberty Media, qui assure la promotion du Championnat du Monde de F1, va plus loin le 3 mars 2022, en mettant fin à son contrat avec la Russie.

Les pilotes protestent

Deux Champions du Monde n'ont pas eu peur de s'exprimer au sujet des pays visités par la F1 et ne respectant pas les droits de l'Homme. Sebastian Vettel et Lewis Hamilton militent publiquement contre les différentes discriminations dans le monde, que ce soit envers les personnes LGBT+ ou encore les personnes de couleur. Cependant, la position des deux pilotes n'est pas la même quant à courir dans des pays ne respectant pas les droits de l'Homme.

« Les pays ont des règles différentes, des gouvernements différents, des contextes différents. Je ne peux pas parler au nom de tous les pays et être un expert, car je ne les connais pas. Mais je pense qu'il y a certains pays où il ne faut pas aller. Nous nous rendons dans certains de ces endroits et nous déroulons un tapis rouge avec de beaux messages dessus. Il faut plus que des mots, il faut des actes. Mais j'ai le sentiment que notre sport pourrait exercer une forte pression et qu'il pourrait être d'une grande aide pour répandre encore plus cette équité dans le monde », déclarait le quadruple Champion du Monde avec Red Bull à la fin de la saison 2021.

« Les droits de l'Homme ne sont pas politiques. Les droits de l'Homme devraient être égaux pour tout le monde, et nous nous rendons dans tous ces pays où c'est un problème », expliquait de son côté le septuple Champion du Monde fin 2020. *« Il n'est pas nécessaire d'isoler ces endroits. Nous devons comprendre comment nous pouvons interagir davantage, comment nous pouvons vraiment utiliser cette plateforme pour encourager et motiver le changement »*.

A l'extérieur du Circus, certaines voix demandent à ce que certains pays ne soient plus visités par la F1, comme Bahreïn ou encore l'Arabie saoudite. Sayed Alwadaei, directeur de l'association Bahrain Institute of Rights and Democracy, s'est exprimé publiquement et a demandé que *« la F1 et la FIA arrêtent leurs activités avec Bahreïn et l'Arabie saoudite, qui utilisent leur présence pour laver les images ensanglantées de ces autocraties »*.

Mais la F1 peut-elle se passer des pays où les droits de l'Homme ne sont pas respectés ? Peut-on dire que cela n'est qu'une question d'argent ? Malheureusement, la décision d'aller au Moyen-Orient ou dans des pays bafouant les droits de l'Homme peut avoir une incidence sur l'économie de la

F1.

Selon des estimations, le Moyen-Orient (Bahreïn, Arabie saoudite, Qatar et Abu Dhabi) contribue à hauteur de 200 millions de dollars, ce qui représente un peu moins de 8 % du chiffre d'affaires de la F1 (comparaison faite sur les chiffres publiés en 2022). Si l'on ajoute l'Azerbaïdjan et la Chine, la contribution monte à 300 millions de dollars en tout. Aujourd'hui, quel pays peut se permettre de dépenser une telle somme pour avoir la F1 sur son sol, d'autant que le prix d'entrée pour avoir son Grand Prix avoisine les 30 millions de dollars par saison ?

16
L'EVOLUTION DES BUDGETS EN F1

MICROCOSME DE LA FORMULE 1

Nombreux sont les « garagistes » qui ont tenté leur chance en F1. Depuis le tout premier Grand Prix disputé le 13 mai 1950 sur le circuit de Silverstone jusqu'à aujourd'hui, 164 équipes ont rejoint la grille d'au moins un Grand Prix. La Scuderia Ferrari détient le record de participations, devant McLaren et Williams. L'équipe Brawn GP, née des cendres de Honda, est l'équipe Championne du Monde à avoir couru le moins de Grands Prix (17 au total, lors de la saison 2009).

L'évolution des budgets jusqu'en 1989

Il est difficile de connaître avec précision les sommes investies dans les débuts du Championnat du Monde de F1. Les premiers budgets fiables remontent aux années 1970.

Frank Williams débute sa carrière en F1 en 1969 avec une équipe à son nom, Frank Williams Racing Cars. Il engage dans un premier temps une Brabham avant de se tourner vers une De Tomaso puis les March. En 1973, le Britannique fait courir des Iso-Marlboro mais perd le soutien d'Iso Rivolta et de Marlboro l'année suivante, ce qui donne naissance aux châssis FW. A la fin de l'année 1975, Frank Williams cède une participation majoritaire de son équipe à Walter Wolf, mais est finalement écarté à la fin de la saison 1976.

Lors du Grand Prix d'Espagne 1977, Frank Williams engage sa nouvelle équipe de F1, Williams Grand Prix Engineering, avec Patrick Nève à son volant. Le 31 octobre 1977, les comptes de l'équipe britannique sont publiés et font état d'un chiffre d'affaires de 198 823 livres sterling et d'un résultat de £953. La saison suivante, l'équipe de Frank Williams dispose d'un chiffre d'affaires de 486 748 livres sterling pour un bénéfice de £593.

En 1979, Frank Williams joue la gagne et remporte son premier Grand Prix en F1 et termine vice-Champion du Monde des constructeurs. Son chiffre d'affaires a plus que triplé, pour atteindre £1 352 312 et un bénéfice de £93 705.

En 1980, l'équipe britannique réalise le doublé, en remportant le titre des pilotes et le titre des constructeurs, avec un chiffre d'affaires de £2 273 189 et un bénéfice de £62 506.

Entre les comptes publiés à ses débuts, en 1977, et ceux de son premier sacre, le chiffre d'affaires de l'équipe a été multiplié par plus de dix (1 043 %) !

De son côté, Bruce McLaren fonde son équipe en 1966, après avoir couru de nombreuses saisons au volant d'une Cooper. Jusqu'au début des années 1980, l'équipe britannique, orpheline de son fondateur depuis le 2 juin 1970, a remporté deux titres mondiaux des pilotes avec Emerson Fittipaldi et James Hunt, et le titre des constructeurs en 1974.

Les premiers comptes disponibles de l'équipe aujourd'hui basée à Woking sont ceux après la fusion entre la structure créée par Bruce McLaren et Project Four, équipe cofondée par Ron Dennis, avec le soutien de Marlboro.

Pour les débuts de cette nouvelle association, le budget est de £2 251 722 et augmente jusqu'à la fin des années 1980.

Pour son premier titre mondial, avec l'aide du moteur Porsche préparé par TAG, le budget de l'équipe était de £7 138 992, soit une augmentation de 217 % par rapport à 1980.

En comparant les budgets jusqu'en 1989 des deux équipes britanniques qui comptabilisent un total de huit titres pilotes (trois pour Williams et cinq pour McLaren) et huit titres constructeurs (quatre pour Williams et quatre pour McLaren) avec le budget de l'équipe Tyrrell, dont la meilleure position au Championnat du Monde est une cinquième place, on passe du simple au quadruple.

Cette différence de budget s'explique par de nombreux facteurs. L'une des plus importantes, et pas des moindres, est sans doute la notoriété de l'équipe, par son palmarès. Plus une équipe gagne, plus elle attire les sponsors prêts à investir massivement. Pour le cas de McLaren, l'équipe a gardé le même sponsor titre, à savoir Marlboro, durant l'ensemble de la décennie. Elle a bénéficié également de l'arrivée de TAG. Pour Williams, l'argent dépensé par l'Arabie saoudite au début des années 1980 disparaît peu à peu pour laisser la place à Denim puis Canon. Enfin, Tyrrell a connu de nombreux sponsors au cours des années 1980, allant jusqu'à courir avec une voiture dépourvue de partenaires.

Les années 1980 montrent les prémices de l'inflation des budgets. L'équipe Williams a connu une inflation de son budget de 429 % entre 1980 et 1989, tandis que celui de McLaren a augmenté de 736 %. Le palmarès ne justifie pas tout. Durant cette décennie, la F1 a connu un profond changement, notamment sur la forme prise par les monoplaces, devenues de plus en plus aérodynamiques.

La plus grande des innovations a été la monocoque en fibre de carbone, utilisée sur la MP4/1 dessinée par John Barnard. On peut également parler de l'arrivée à plus grande échelle du frein carbone, dont la première introduction remonte au Grand Prix d'Allemagne 1976, sur la Brabham.

Les années 1990

Les années 1990 s'inscrivent dans la continuité de la décennie précédente, avec une explosion des budgets pour la plupart des équipes. Celui de Williams est multiplié par quatre tandis que celui de McLaren a simplement triplé.

Cette décennie a permis une relative liberté d'un point de vue réglementaire, l'arrivée de nombreuses innovations, principalement électroniques, la redéfinition des concepts antérieurs.

Chris Murphy, dernier à avoir dirigé le département design de l'équipe Lotus, se rappelle de cette période de liberté en F1.

« *Je pense que c'était vraiment une période dorée pour la F1. C'était en partie dû à la liberté technique dont nous disposions, ainsi qu'aux gros moteurs, aux gros pneus, à l'appui important... C'étaient des voitures vraiment rapides, des choses vraiment sympas sur lesquelles travailler »*, expliquait-il dans les colonnes de Motorsport Magazine.

L'ingénieur britannique explique également que les mentalités n'étaient pas les mêmes qu'aujourd'hui, où une horde de mécaniciens cache des parties de la monoplace. Il s'amuse à dire que la grille de cette décennie était plus « *détendue* ».

« *Lors d'une course, je me souviens avoir été à quatre pattes avant le départ, essayant d'observer le diffuseur Williams. J'ai remarqué une paire de chaussures à côté de moi et j'ai réalisé qu'elles étaient attachées à Patrick Head, qui a dit : 'Ça ne sert à rien de regarder là-bas, Chris – les choses intéressantes sont dans le grand espace gris entre la boîte de vitesses et le châssis* », ajoutait-il.

Pour Pat Symonds, qui était le directeur du département recherche et développement de Benetton au milieu des années 1990, l'augmentation des budgets, due à la forte présence du tabac sur les monoplaces, a été bénéfique dans la professionnalisation des équipes F1.

« *Cela nous a permis d'embaucher des ingénieurs professionnels, d'acheter des ordinateurs et des logiciels, de mettre en place la R&D et de dépenser beaucoup plus d'argent pour les essais en soufflerie et ce genre de choses* », expliquait-il à Motorsport Magazine.

La décennie est aussi marquée par des progrès majeurs en matière de sécurité, notamment après les différents incidents survenus lors du Grand Prix de Saint-Marin 1994, avec les décès de Roland Ratzenberger et d'Ayrton Senna. Les monoplaces sont devenues de plus en plus sûres, tout comme les circuits.

Il y a eu également quelques changements dans le paddock. L'équipe Arrows est rebaptisée Footwork après l'investissement massif de Wataru Ohashi, qui était le président de Footwork Express Co., Ltd., une société de logistique japonaise. A la fin de l'année 1995, Jackie Oliver et Alan Rees, qui ont cofondé l'équipe britannique, rachètent les parts de l'homme d'affaires japonais, avec l'aide de la société financière Schwäbische Finanz & Unternehmensberatung AG. 1996 est la dernière saison de l'équipe sous le nom Footwork (officiellement pour la FIA). C'est également l'année où Tom Walkinshaw entre au capital d'Arrows, à hauteur de 40 %.

En 1997, alors qu'Arrows revient sur la grille, au moment où Craig Pollock, aidé par British American Tobacco, rachète l'équipe Tyrrell pour une somme avoisinant 30 millions de livres sterling. L'équipe fondée par Ken Tyrrell dispute sa dernière course au Japon, en 1998.

Les années 2000

Quand on évoque les années 2000, on pense immédiatement à la domination sans partage de Ferrari dans la première moitié de la décennie, puis aux années Renault avant de finir par le hold-up de Brawn Grand Prix. Mais cette décennie est riche à bien des égards. Du côté du règlement technique, les moteurs ont évolué. Adieu les V10 3L ! A partir de 2006, ce sont les V8 2,4L qui font leur apparition !

En matière d'innovation, la plus marquante de la fin des années 2000 est le Kinetic Energy Recovery System (KERS) ou système de récupération de l'énergie cinétique (SREC). Ce dispositif permet de récupérer l'énergie cinétique lors du freinage. D'autres innovations controversées ont marqué cette période, comme le Mass Dumper de Renault en 2006, interdit en cours de saison, ou le double diffuseur qui a rendu la Brawn Grand Prix presque intouchable en 2009.

Que dire de la grille ? Les années 2000 ont été rythmées par de nombreux bouleversements au sein des équipes. Certaines ont disparu, comme celle d'Alain Prost à la fin de la saison 2001, Arrows au milieu de l'année suivante ou encore Toyota à la fin de la saison 2008, d'autres ont changé de main.

Dès la saison 2000, l'équipe Stewart Grand Prix, dirigée par Jackie et Paul Stewart, a laissé sa place à Jaguar, projet soutenu par Ford, propriétaire de la marque à l'époque. Mais le projet tourne au fiasco et Ford se débarrasse de son équipe en la cédant à Red Bull le 15 novembre 2004. Plus tard, la marque autrichienne reprend Minardi pour la transformer en Toro Rosso.

Après une saison avec Supertec, British American Tobacco s'associe à Honda. Il faut attendre 2006 pour que le constructeur japonais prenne les commandes de l'équipe, jusqu'à la fin de la saison 2008. Ross Brawn sauve in extremis l'équipe en 2009 avant de la vendre à Mercedes.

Le 16 mars 2000, l'équipe Benetton est vendue au constructeur français Renault, qui rejoint officiellement la grille lors de la saison 2002.

Eddie Jordan, le plus rock'n'roll des patrons du paddock, est contraint de vendre son équipe à la fin de l'année 2004 à Alex Schnaider via société Midland, pour la somme de 50 millions de dollars (ramenée à 25 millions suite à un différend avec Ford pour la fourniture des moteurs). Le nom de l'équipe qui a fait débuter Michael Schumacher disparaît à l'issue de la saison 2005. Cependant, l'équipe Midland est vendue à Michiel Mol via Spyker lors du Grand Prix d'Italie 2006. Nouveau nom mais même problématique en 2007 puisque le constructeur néerlandais cède sa place sur la grille F1 à Vijay Mallya et Force India en 2008. La transaction est estimée à 88 millions de dollars.

Après une aventure avec Williams, BMW décide de s'associer avec Sauber. Le constructeur allemand prend le contrôle total de l'équipe suisse. Mais en 2009, BMW quitte la F1 et l'équipe est sur le point de disparaître puisque les Accords Concorde ne sont pas signés. L'équipe, reprise par son fondateur, est sauvée in extremis.

En prenant le budget de la saison 2002 de l'équipe Williams, on découvre que le sponsoring représente 78 % du budget de la structure britannique, alors que le « Prize Money » correspond à 14 %, le restant provenant de primes diverses et de recettes annexes.

Les années 2010

La décennie 2010 s'ouvre dans un contexte de crise financière mondiale qui fragilise profondément la F1. Cette situation pousse Honda et Toyota à se retirer du championnat. Afin d'attirer de nouvelles équipes et d'assurer la pérennité du plateau, la FIA, sous l'impulsion de son président Max Mosley, annonce la mise en place d'une F1 dite « low cost », reposant sur un budget plafonné à 30 millions de livres sterling par saison. Cette promesse favorise l'arrivée de trois nouvelles écuries. Toutefois, cette ambition se révèle rapidement irréaliste : les nouvelles équipes ne parviennent pas à rivaliser avec Ferrari, Red Bull ou Mercedes, dont les budgets sont au minimum quatre fois supérieurs. Faute de compétitivité et de stabilité financière, ces équipes disparaissent progressivement du championnat.

Tout au long de la décennie, la FIA tente de contenir l'inflation des coûts par diverses mesures réglementaires, dans un contexte marqué par une complexification croissante de la discipline. L'introduction des moteurs V6 turbo hybrides en 2014 constitue un tournant majeur. Si cette révolution technologique renforce l'image de la F1 comme laboratoire d'innovation, elle entraîne également une hausse significative des dépenses de recherche et développement, accentuant les écarts de performance entre les équipes. Cette nouvelle ère est dominée par Mercedes. Parallèlement aux enjeux économiques, la Formule 1 amorce une réflexion sur son impact environnemental. La décennie voit apparaître les premières mesures visant à réduire les émissions de CO_2, notamment à travers l'hybridation des motorisations et l'amélioration de l'efficacité énergétique. La discipline cherche ainsi à se positionner comme un exemple à la fois technologique et responsable, en anticipant les évolutions de l'industrie automobile et les exigences croissantes en matière de transition énergétique.

Un autre tournant majeur de la décennie intervient en 2017 avec le rachat de la F1 par Liberty Media, mettant fin à l'ère Bernie Ecclestone. Ce changement de gouvernance s'accompagne d'une volonté de moderniser l'image du Championnat du Monde, notamment par une stratégie de communication plus ouverte, une présence renforcée sur les réseaux sociaux et une meilleure valorisation de l'expérience des fans. Cette transformation vise à séduire un public plus jeune et à accroître l'attractivité commerciale et médiatique de la discipline à l'échelle mondiale.

Enfin, les années 2010 sont profondément marquées par une évolution majeure en matière de sécurité avec l'introduction du Halo en 2018. Ce dispositif de protection du cockpit, initialement critiqué pour son impact esthétique, est instauré à la suite de l'accident mortel de Jules Bianchi lors du Grand Prix du Japon 2014. Son efficacité est rapidement démontrée, puisqu'il permet de sauver plusieurs vies en Formule 1, notamment celles de Charles

Leclerc en Belgique en 2018, de Romain Grosjean à Bahreïn en 2020 et de Guanyu Zhou à Silverstone en 2022. Le Halo s'impose également dans les catégories de promotion, sauvant des pilotes tels que Tadasuke Makino en FIA F2 en 2018 et Alex Peroni en FIA F3 en 2019. Cette avancée symbolise l'engagement renforcé de la Formule 1 en faveur de la sécurité, faisant de la décennie 2010 une période charnière tant sur le plan économique, technologique qu'humain.

Les années 2020

Après la crise économique mondiale, les équipes de F1 doivent faire face à une nouvelle épreuve avec la pandémie de Covid-19, qui a des répercussions directes sur leurs budgets. En raison de l'annulation et du report de nombreuses épreuves, les revenus redistribués par la Formula One Management (FOM) diminuent sensiblement. À ce sujet, Frédéric Vasseur évoquait à l'époque une baisse estimée entre 15 et 20 % des revenus perçus par les équipes. Cette situation contraint les écuries à adapter leur fonctionnement et à réduire certaines dépenses afin d'assurer leur survie financière.

La réforme économique la plus marquante intervient toutefois en 2021 avec l'instauration du budget plafonné. Cette mesure vise à mieux contrôler les coûts et à limiter les écarts financiers entre les équipes. Malgré son introduction, les budgets continuent néanmoins d'évoluer de manière inégale. Certaines structures parviennent à atteindre le plafond autorisé, tandis que d'autres disposent encore de moyens nettement supérieurs, en raison de leurs infrastructures, de leur organisation ou de dépenses exclues du champ d'application du plafonnement. Cette phase de transition illustre les difficultés rencontrées par la Formule 1 pour transformer en profondeur son modèle économique après des décennies de dérégulation budgétaire.

Les budgets des équipes F1 jusqu'en 1989

	Williams	McLaren	Tyrrell
1977	198 823		
1978	486 748		
1979	1 352 312		
1980	2 273 189		
1981	3 794 845	2 251 712	
1982	3 057 945	3 686 235	
1983	3 422 607	4 967 618	2 354 342
1984	3 774 252	7 138 992	1 232 583
1985	4 881 713	13 320 443	1 957 493
1986	7 800 721	13 922 489	3 654 627
1987	10 442 545	13 715 918	4 567 740
1988	10 042 872	17 164 131	3 392 003
1989	12 025 085	18 820 613	2 981 005

Les sommes sont exprimées en livres sterling.
Les comptes de l'équipe Williams s'arrêtent le 31 octobre jusqu'en 1987 avant que la clôture soit décalée au 31 novembre dès 1988.
Les comptes de l'équipe McLaren prennent en compte l'ensemble des activités « compétitions » à partir de 1985, sans préciser la proportion de budget pour l'équipe F1 et les autres activités.

MICROCOSME DE LA FORMULE 1

Les budgets des équipes F1 de 1990 à 1999

	Williams	McLaren	Tyrrell BAR	Benetton	Footwork Arrows	Jordan	Stewart
1990	15,33	22,42	9,97				
1991	21,26	36,74	12,93				
1992	30,31	38,74	6,29				
1993	36,41	45,03	8,17	28,06		12,71	
1994	35,91	45,26	7,09	33,00	9,08	10,93	
1995	36,31	48,43	10,72	39,55	8,65	15,02	
1996	44,29	48,53	8,88	47,13	10,03	20,42	19,17
1997	53,45	58,15	14,73	51,31	24,36	29,17	29,60
1998	67,67	82,74	15,84	54,50	24,83	37,36	35,86
1999	63,98	66,41	37,79	52,89	18,16	43,50	43,97

Les sommes sont exprimées en millions de livres sterling.
Les comptes de l'équipe Williams s'arrêtent le 31 novembre sur l'ensemble de la décennie.
Les comptes de l'équipe McLaren prennent en compte l'ensemble des activités « compétitions » et se clôturent le 31 octobre sur l'ensemble de la décennie.
Les comptes de Footwork/Arrows s'arrêtent le 30 novembre jusqu'en 1995 avant que la clôture soit décalée au 31 décembre dès 1996.
Les comptes de Tyrrell s'arrêtent au 31 décembre jusqu'en 1996 avant de s'arrêter au 30 novembre lors de la reprise par British American Racing.
Les comptes de Benetton, Stewart, Jordan s'arrêtent au 31 décembre.

Les budgets des équipes F1 de 2000 à 2009

	Williams	McLaren	BAR Honda Brawn GP	Benetton Renault	Arrows	Jordan Midland Spyker Force India	Jaguar Red Bull
2000	66,05	69,27	48,80	68,12	45,50	59,62	109,44
2001	85,33	92,49	46,29	74,65		68,06	117,42
2002	82,22	91,25	48,73	56,95		57,12	122,97
2003	84,34	79,50	50,03	67,01		49,59	84,06
2004	88,70	106,61	59,74	94,77		32,77	72,06
2005	83,73	113,29	97,00	120,30		25,37	82,60
2006	58,09	109,83	121,69	132,02		37,28	107,15
2007	66,90	127,38	149,26	110,84		29,08	130,83
2008	125,61	139,09	170,40	147,83		37,02	144,86
2009	108,31	174,83	234,47	161,06		31,45	160,80

Les sommes sont exprimées en millions de livres sterling.
Les comptes de l'équipe Williams s'arrêtent le 31 novembre jusqu'en 2008, avant de se clôturer le 31 décembre.
Les comptes de l'équipe McLaren prennent en compte l'ensemble des activités « compétitions » et se clôturent le 31 octobre jusqu'en 2003 avant de passer au 31 décembre à partir de 2004.
Les comptes de BAR s'arrêtent au 30 novembre jusqu'en 2001 avant de se clôturer au 31 décembre à partir de 2002.
Les comptes de Benetton et Renault, Arrows, Jaguar et Red Bull, Jordan, Midland, Spyker et Force India s'arrêtent au 31 décembre.
Pour Red Bull, les comptes présentés sont ceux de Red Bull Technology et non de Red Bull Racing, qui ne sont pas significatifs.

Les budgets des équipes F1 de 2010 à 2019

	Williams	McLaren	Mercedes	Lotus Renault	Haas	Force India Racing Point	Red Bull
2010	91,03	148,72	124,61	82,16		48,47	178,24
2011	103,29	172,31	114,85	115,65		46,60	215,23
2012	125,03	165,77	114,85	92,70		46,69	231,91
2013	106,56	191,84	125,21	92,68		43,77	258,22
2014	71,30	178,73	146,92	114,68	10,20	59,92	263,94
2015	101,49	188,20	213,26	78,36	22,11	64,26	235,63
2016	116,69	179,78	289,42	119,67	100,03	77,16	247,79
2017	125,59	196,55	337,16	136,25	84,28		291,42
2018	130,74	123,64	338,38	146,62	102,72		314,03
2019	95,43	185,74	363,63	177,83	112,93	45,69*	337,61

Les sommes sont exprimées en millions de livres sterling.

Les comptes de toutes les équipes s'arrêtent au 31 décembre à l'exception de Racing Point dont les comptes s'arrêtent au 31 août en 2019.

A partir de 2013, le chiffre d'affaires de Williams ne comprend que l'activité F1 et non la globalité des activités de Williams Grand Prix Engineering (à savoir l'équipe de F1 et Williams Advanced Engineering (WAE)).

Les comptes de l'équipe McLaren prennent en compte l'ensemble des activités « compétitions » et se clôturent le 31 décembre.

Les comptes de l'équipe Haas ne prennent en compte que l'activité au Royaume-Uni.

Pour Red Bull, les comptes présentés sont ceux de Red Bull Technology et non de Red Bull Racing, qui ne sont pas significatifs.

MICROCOSME DE LA FORMULE 1

Les budgets des équipes F1 de 2020 à 2024

	Williams	McLaren	Mercedes	Renault Alpine	Haas	Racing Point Aston Martin	Red Bull
2020	48,65	332,92	355,30	156,20	79,15	78,85	310,77
2021	96,41	211,37	383,30	201,49	87,46	150,44	341,29
2022	142,85	311,27	474,56	249,04	109,72	187,73	385,69
2023	126,97	431,38	546,45	250,01	113,43	244,65	446,20
2024	179,78	530,31	636,03	238,51	119,36	280,68	491,71

Les sommes sont exprimées en millions de livres sterling.
Les comptes de toutes les équipes s'arrêtent au 31 décembre à l'exception de Racing Point dont les comptes de l'année 2020 vont du 1er septembre 2019 au 31 décembre 2020.
Les comptes de l'équipe McLaren prennent en compte l'ensemble des activités « compétitions » et se clôturent le 31 décembre. Dans les comptes de 2024, on apprend que la partie « Racing » représentent 488,393 millions de livres sterling contre 386,968 millions en 2023.
Les comptes de l'équipe Haas ne prennent en compte que l'activité au Royaume-Uni.
Pour Red Bull, les comptes présentés sont ceux de Red Bull Technology et non de Red Bull Racing, qui ne sont pas significatifs.

Les dépenses des équipes F1

Outre les budgets globaux, les comptes de l'équipe Tyrrell donnent la répartition des coûts pour les saisons allant de 1983 à 1985.

Ainsi, les dépenses liées au design et à la construction de la monoplace en 1983 étaient de £1 397 936 en 1983, représentant 59,4 % du budget total. L'année suivante, malgré une chute du budget de 52,4 %, passant de £2 354 342 à £1 232 583, ce poste de dépenses passe à £1 000 228, soit 81,1 % du budget. L'équipe emmenée par Ken Tyrrell parvient à faire grossir son budget de plus de 700 000 livres sterling lors de la saison 1985. La dépense pour le design et la construction de la monoplace atteint £1 599 739, ce qui représente 81,7 % du budget total.

Cette information n'est pas connue par la suite, les équipes choisissant volontairement de ne pas la divulguer. Dans les années 2000, le magazine F1 Racing a établi diverses analyses sur le sujet entre 2003 et 2006. Cependant, les chiffres ne sont pas certifiés.

Selon la publication britannique, les dépenses en recherche et développement des équipes en 2003 représenteraient 8 % des dépenses annuelles des équipes de la grille ; celles concernant la soufflerie et l'aérodynamique 4,4 % ; celles pour la fabrication des voitures 0,9 % ; celles des moteurs 43,5 %. Pour les essais privés, qui étaient autorisés à cette époque, le budget correspondrait à 12,2 %. L'ensemble des frais lors d'un week-end de course représenterait 12,8 % de la somme dépensée par les équipes, alors que les salaires des pilotes et du personnel des équipes constitueraient 15,3 % des dépenses annuelles.

Si on compare cette base avec celles analysées par le magazine F1 Racing pour les saisons 2004, 2005 et 2006, les pourcentages pour ces postes de dépenses sont les suivants :

	2003	2004	2005	2006
Recherche et développement	8 %	7,3 %	6,9 %	8,9 %
Soufflerie et aérodynamique	4,4 %	3,9 %	2,8 %	3,8 %
Fabrication des voitures	0,9 %	0,8 %	0,8 %	0,6 %
Moteurs	43,5 %	40 %	42,9 %	34,1 %
Essais privés	12,2 %	15,2 %	14,2 %	17,5 %
Frais lors d'un week-end de course	12,8 %	12 %	12,4 %	12 %
Salaires des pilotes et du personnel	15,3 %	18,3 %	17,9 %	20,6 %

L'évolution du coût des moteurs peut s'expliquer par les différents changements de réglementation en fin de période. En 2005, le moteur devait faire deux week-ends de Grand Prix. L'année suivante, une nouvelle ère commence pour la motorisation en F1, le V8 de 2,4 litres remplaçant le V10 de 3 litres. Toro Rosso est la seule équipe à pouvoir utiliser un V10 en 2006, avec une limitation du régime. Le changement de la réglementation moteur a eu un effet sur les autres coûts liés à la monoplace.

Concernant les dépenses liées aux essais privés, l'augmentation entre 2003 et 2004 est due à un changement du règlement, permettant aux équipes n'ayant pas fini dans les quatre premiers du Championnat du Monde de faire rouler une troisième voiture lors des essais libres du vendredi. Cette règle se poursuit jusqu'à la fin de la saison 2006.

Enfin, les salaires des pilotes évoluent en fonction du plateau engagé sur la grille F1. A cette époque, le pilote le mieux payé était Michael Schumacher. Suivaient Jacques Villeneuve, Ralf Schumacher, Rubens Barrichello…

Depuis quelques années, les frais d'inscription sont publiés par la presse. Pour disputer la saison 2024, les équipes sont obligées de payer une base fixe (657 837 dollars pour toutes les équipes) et une base en fonction du nombre de points inscrits (6 575 dollars pour toutes les équipes sauf celle qui remporte le titre mondial, dont la base par point est de 7 893 euros). Red Bull, avec 860 points inscrits en 2023, a dû payer plus de 7 millions de dollars.

La valeur des équipes F1

En quelques décennies, la valeur des équipes de F1 a connu une ascension spectaculaire, dépassant aujourd'hui le milliard de dollars. En effet, selon une étude publiée par Sportico, les dix équipes de la grille F1 de 2024 valent plus d'un milliard de dollars. Ferrari serait l'équipe ayant la plus grande valeur, avec un montant estimé à 4,78 milliards de dollars. Mercedes occupe la deuxième place avec une valeur de 3,94 millions de dollars, juste devant Red Bull (3,5 milliards de dollars). L'équipe Haas est en dernière position, évaluée à 1,02 milliard de dollars.

Ces dernières années, de nombreuses transactions ont été révélées par la presse. C'est le cas de l'approche de Michael Andretti pour prendre une participation majoritaire dans l'équipe Sauber. Les estimations faisaient état d'une valorisation à 350 millions de dollars selon ce que des personnes proches du dossier ont déclaré à Forbes. Cette somme est passée à 650 millions de dollars au moment de la prise de participation d'Audi quinze mois plus tard.

En décembre 2023, Renault cède 24 % de l'équipe Alpine au groupe d'investisseurs américain composé notamment d'Otro Capital, RedBird Capital Partners et Maximum Effort Investments pour la somme de 218 millions de dollars. Cela valorise l'équipe d'Enstone à 908 millions de dollars.

2025 a été une année riche en mouvement dans l'actionnariat des équipes. Durant l'été, Lagonda Global Holdings Plc a accepté de céder sa participation minoritaire dans l'équipe Aston Martin F1 d'une valeur de 146 millions de dollars. Cette opération valorise l'équipe à 3,2 milliards de dollars.

A la rentrée, Bahrain Mumtalakat Holding Company et CYVN Holding ont racheté les 30 % des parts détenus par MSP Sports Capital dans McLaren Racing. La valorisation de l'équipe McLaren serait proche des 4 milliards de dollars.

Quelques semaines plus tard, George Kurtz, PDG et fondateur de CrowdStrike, prend une participation minoritaire de Mercedes F1. Il a racheté 15 % de la partie contrôlée par Toto Wolff, soit environ 5 % du capital de l'équipe de Brackley.

MICROCOSME DE LA FORMULE 1

SOURCE	2000 F1RACING	2010 FORBES	2015 FORBES	2023 FORBES	2024 SPORTICO	2025 FORBES
FERRARI	1 524	1 050	1 350	3 900	4 780	6 500
BAR/ MERCEDES	191	260	675	3 800	3 940	6 000
JAGUAR/ RED BULL	230	240	625	2 600	3 500	4 350
MCLAREN	919	805	650	2 200	2 650	4 400
JORDAN/ FORCE INDIA/ ASTON MARTIN	230	200	180	1 375	2 070	3 200
BENETTON/ RENAULT/ LOTUS/ ALPINE	268	245	200	1 400	1 500	2 450
WILLIAMS	459	205	400	725	1 240	2 500
MINARDI/ TORO ROSSO/ ALPHATAURI/ RB/ RACING BULLS	54	100	165	1 125	1 220	2 300
ALFA ROMEO/ SAUBER	92	130	135	900	1 200	2 400
HAAS				780	1 020	1 500
MANOR			65			
PROST	191					
ARROWS	153					

Les sommes sont exprimées en dollars. Elles ne tiennent pas compte de l'inflation. La valeur des équipes de F1 a été calculée après compilation d'éléments publics et privés, ainsi que d'entretiens avec des dirigeants du secteur, des analystes, des banquiers et des investisseurs.

MICROCOSME DE LA FORMULE 1

17
LES BUDGETS PLAFONNES

MICROCOSME DE LA FORMULE 1

Plafonner les coûts n'a jamais été une chose simple en F1. Face aux constructeurs-motoristes qui ne regardent pas à la dépense, les petites équipes ne peuvent pas rivaliser et doivent se contenter des miettes offertes par les grandes équipes.

Dans les années 2000, Max Mosley, alors président de la FIA, souhaite plafonner les budgets de la F1. En 2008, celui qui a dirigé l'équipe March par le passé propose une première mouture d'un plan de réduction des budgets sur trois années, pour atteindre 175 millions de dollars en 2011. Le projet est refusé par les équipes. Mais Max Mosley ne s'avoue pas vaincu et revient à la charge une année plus tard, proposant un budget plafonné à 40 millions de dollars. Celui-ci est optionnel, offrant à l'équipe qui accepte les conditions et les respecte une « grande liberté technique ».

Cependant, les équipes refusent mais acceptent des mesures de réduction de dépenses à compter de la saison 2010. Parmi elles, le coût des moteurs est de 6,6 millions de dollars pour les équipes clientes et la durée de vie passe de deux à trois week-ends de course. Les essais sont interdits durant la saison et l'utilisation de la soufflerie est restreinte. Enfin, les usines sont fermées pendant six semaines par an, selon les lois locales en vigueur.

En 2013, Max Mosley revient à la charge avec le budget plafonné. Les sommes sont revues à la hausse (170 millions de dollars avant de descendre à 100 millions après quelques années). Les équipes semblent favorables, à l'exception de Red Bull et Toro Rosso. Quelques mois plus tard, le projet, qui devait voir le jour en 2015, est abandonné, l'ensemble des équipes membres du Groupe Stratégique de la F1 (Red Bull, Ferrari, Mercedes, McLaren, Lotus et Williams) s'y opposant.

Le plan de réduction des coûts connaît des changements, notamment avec l'arrivée des nouveaux moteurs V6. A partir de 2017, les motoristes devront réduire la facture auprès des équipes clientes (un million dans un premier temps, puis trois millions par la suite).

En 2019, Liberty Media souhaite faire un essai de budget plafonné. Aucune sanction n'est décidée en cas de dépassement. Selon une information du média allemand Auto Motor und Sport, cela a pour but d'ajuster la règle et de vérifier qu'elle soit viable.

Le budget plafonné enfin introduit

Depuis 2021, les équipes de F1 doivent respecter le règlement financier relatif aux budgets plafonnés.

Celui-ci décrit les différentes étapes de cette nouvelle règle. La première concerne le budget maximum par saison à ne pas dépasser, soit :
- 145 millions de dollars en 2021, et 1,2 million de dollars par Grand Prix supplémentaire au-delà de 21 courses ;

- 140 millions de dollars en 2022, et 1,2 million de dollars par Grand Prix supplémentaire au-delà de 21 courses ;
- 135 millions de dollars de 2023 à 2025, et 1,2 million de dollars par Grand Prix supplémentaire au-delà de 21 courses ;
- 215 millions de dollars en 2026, qui tient compte à la fois de l'inflation mondiale et des nouveaux postes de coûts qui seront inclus dans le calcul, et 1,8 million de dollars par Grand Prix supplémentaire au-delà de 21 courses.

Des ajustements sont possibles, notamment si une équipe participe aux essais avec Pirelli (ce qui offre un ajustement de 200 000 dollars sur la période de référence). En cas de week-end accueillant une course sprint, l'ajustement est de 150 000 dollars sur la période de référence pour chaque course disputée et a été augmenté à 300 000 dollars à partir de 2026. Si une des voitures venait à abandonner ou à subir des dommages, un ajustement de 100 000 dollars serait possible. Cependant, si les dommages représentent un coût supérieur à 100 000 dollars, l'équipe pourra procéder à un ajustement qui serait égal aux coûts pertinents auxquels on soustraira 100 000 dollars.

La situation économique mondiale a obligé la FIA à revoir le budget plafonné à partir de 2022, pour tenir compte de l'inflation. Ainsi, en 2022, une rallonge de 4,6 millions de dollars a été annoncée, et 10,6 millions de dollars en 2023.

Cette limite budgétaire ne prend pas en compte l'ensemble des coûts d'une équipe de F1. Ainsi, sont exclus :
- Les salaires des pilotes (et frais annexes) ainsi que les trois plus gros salaires de l'équipe F1 ;
- Les activités de marketing ;
- Les activités liées aux biens patrimoniaux ;
- Les activités non F1 (si l'équipe de F1 peut prouver à la satisfaction de l'Administration qu'une partie identifiable des coûts se rapporte à des activités non F1) ;
- Les activités relatives aux ressources humaines ;
- Les activités financières et fiscales ;
- Les activités juridiques.

A partir de 2026, les équipes ne peuvent plus déduire certains frais de recherche et développement engagés dans le cadre du programme britannique de crédit d'impôt pour ces dépenses.

Il existe également une limitation des dépenses d'investissement de 45 millions de dollars pour quatre ans et ensuite de 36 millions de dollars pour une autre période de quatre ans.

Un ajustement a été décidé en octobre 2023, réparti en trois groupes :
- Red Bull, Mercedes et Ferrari ont vu leurs allocations augmenter de 6 millions de dollars ;

- Celles de McLaren, Alpine et Aston Martin ont augmenté de 13 millions de dollars ;
- Celles d'AlphaTauri, Sauber, Haas et Williams ont augmenté de 20 millions de dollars.

Les premières équipes sanctionnées

La première équipe à être sanctionnée est Williams. L'équipe britannique a manqué à son obligation de présentation de ses comptes avant le 31 mars 2022. Un « Accord de Violation Accepté » (Accepted Breach Agreement - ABA) daté du 19 mai 2022 a été conclu entre la FIA et Williams Grand Prix Engineering Limited (« Williams »). Cette dernière doit payer une pénalité financière de 25 000 dollars à la FIA dans les 30 jours de la date de l'ABA et doit supporter les coûts encourus par l'Administration du plafonnement des coûts dans le cadre de l'enquête pour cette ABA.

A l'issue de l'analyse des comptes 2021, les équipes Aston Martin et Red Bull ont été sanctionnées.

La première citée a écopé d'une amende de 450 000 euros, via un ABA. Selon les conclusions de l'Administration du plafonnement des coûts de la FIA, Aston Martin a commis 12 infractions :

1. Coûts relatifs à l'article 3.1(h)(i) du Règlement Financier (concernant les coûts relatifs au nouveau siège de l'équipe de F1) ;
2. Sous-estimation des coûts pertinents en ce qui concerne la disposition énoncée par l'article 4.1(b)(ii) (concernant le crédit d'impôt pour la R&D) ;
3. Coûts en vertu de l'article 3.1(h)(i) du Règlement Financier (concernant les coûts relatifs au nouveau simulateur de F1) ;
4. Coût en vertu de l'article 3.1(o) du Règlement Financier (concernant les frais supplémentaires liés à la soufflerie) ;
5. Coût en vertu de l'article 3.1(i) du Règlement Financier (concernant le coût de certaines primes à la signature) ;
6. Sous-estimation des coûts pertinents en ce qui concerne les dispositions prévues par l'article 4.1(a)(ii) du Règlement Financier (concernant l'utilisation des composants transférables) ;
7. Sous-estimation des coûts pertinents en ce qui concerne la disposition énoncée à l'article 4.1(f)(i)(B) du Règlement Financier (concernant les stocks utilisés) ;
8. Coût en vertu des articles 3.1(h)(i) et 3.1(i) du Règlement Financier (concernant les coûts du service desk) ;
9. Coût relatif à l'article 3.1(i) du Règlement Financier (concernant le coût des services de restauration fournis au personnel au siège de son usine) ;
10. Coût relatif à l'article 3.1(i) du Règlement Financier (concernant le coût des bureaux et des chaises) ;

11. Sous-estimation des coûts pertinents au regard des dispositions de l'article 4.1(h) du Règlement Financier (concernant les coûts et les pertes non comptabilisés au titre du coût des services rendus par les sponsors) ;
12. Coût en vertu de l'article 3.1(j) du Règlement Financier (concernant le coût des services rendus par du personnel externalisé).

Pour l'équipe Championne du Monde, après analyse de ses comptes 2021, elle est considérée comme étant en infraction de procédure et en infraction mineure de dépassement du Règlement Financier.

Le dépassement est inférieur à 5 millions de dollars, d'un montant exact de 2,158 millions de dollars, soit 1,6 %. Red Bull a reçu une amende de 7 millions de dollars et une réduction de temps pour le développement de sa monoplace. Les points reprochés sont les suivants :
1. Coûts exclus surestimés en vertu de l'article 3.1(a) du Règlement Financier, qui concerne tous les coûts directement attribuables aux activités de marketing (l'infraction concerne les services de restauration) ;
2. Coûts au titre de l'article 3.1(w) du Règlement Financier (concernant la contrepartie et les cotisations de sécurité sociale de l'employeur) ;
3. Les coûts visés à l'article 3.1(h)(i) du Règlement Financier (en ce qui concerne les activités non F1), étant donné que ces coûts ont déjà été compensés dans les coûts totaux du groupe déclarant ;
4. Les coûts visés à l'article 3.1(k) du Règlement Financier (en ce qui concerne les primes et les cotisations de sécurité sociale de l'employeur) ;
5. Sous-estimation des coûts pertinents en ce qui concerne un gain sur la cession d'actifs fixes en omettant de procéder à l'ajustement à la hausse nécessaire ;
6. Coûts en vertu de l'article 3.1(q) du Règlement Financier (concernant les taxes d'apprentissage) ;
7. Les frais visés à l'article 3.1 h) ii) i) du Règlement Financier (concernant la contrepartie et les cotisations patronales de sécurité sociale y afférentes) ;
8. Sous-estimation des coûts pertinents en ce qui concerne les dispositions prévues par l'article 4.1(a)(i) du Règlement Financier (concernant le coût de l'utilisation de l'équipement) ;
9. Coûts en vertu de l'article 3.1(h) (i) du Règlement Financier (concernant la contrepartie et les cotisations de sécurité sociale de l'employeur associées) ;
10. Sous-estimation des Coûts pertinents au titre des dispositions prévues par l'article 4.1(f)(i)(B) du Règlement Financier (concernant l'utilisation des stocks) ;
11. Erreur matérielle dans le calcul par Red Bull Racing de certains

coûts qui lui ont été refacturés par Red Bull Powertrains Limited ;
12. Certains frais de déplacement conformément à l'article 3.1(r) du Règlement Financier ;
13. Les frais d'entretien conformément à l'article 3.1(i) du Règlement Financier.

Aussi, la FIA précise que si l'équipe Red Bull avait appliqué « *le traitement correct dans sa documentation de déclaration de l'année complète de son crédit d'impôt théorique dans sa soumission de 2021* », elle aurait dépassé le plafond de 432 652 dollars, soit 0,37 %.

Si les équipes étaient en conformité concernant les comptes 2023, ce n'est pas le cas de deux motoristes. Alpine et Honda ont été reconnues coupables d'une infraction procédurale au Règlement financier des groupes propulseurs, bien que leurs coûts pertinents pour la période de reporting 2023 soient restés inférieurs au plafond budgétaire. Pour le motoriste français, cela concerne une infraction procédurale liée à un retard dans l'exercice des fonctions de contrôle de l'Administration du budget plafonné et à la soumission d'une documentation financière incomplète pour la période 2023. Pour le motoriste japonais, il s'agit d'une infraction procédurale résultant du dépôt d'une documentation financière inexacte pour la période 2023, incluant des coûts incorrectement exclus ou ajustés dans le calcul des coûts pertinents. Alpine a écopé d'une amende financière de 400 000 dollars et Honda a eu 200 000 dollars de plus.

En 2024, seule l'équipe Aston Martin a été épinglée. Elle a été reconnue coupable d'un manquement aux procédures, ce manquement n'a pas dépassé le plafond des coûts autorisés et qu'il était de nature mineure, dû à des circonstances imprévisibles et indépendantes de la volonté de l'écurie de F1. Un accord amiable a été conclu par la suite afin de résoudre ce différend.

MICROCOSME DE LA FORMULE 1

18
EPILOGUE

MICROCOSME DE LA FORMULE 1

MICROCOSME DE LA FORMULE 1

Pendant longtemps, la F1 s'est racontée comme une histoire de pilotes, de courage, de talent et de vitesse. On l'a définie comme celle d'hommes défiant les limites physiques et mécaniques. Mais derrière chaque départ, derrière chaque victoire, derrière chaque millième de seconde gagné, existe un univers infiniment plus vaste : un univers de décisions stratégiques, d'investissements colossaux, de calculs financiers, d'intérêts industriels et de visions à long terme.

La F1 n'est pas qu'un sport : elle est aussi une industrie. Et c'est précisément cette dualité qui en fait un microcosme unique. La performance sportive est devenue indissociable de la performance financière.

Au fil des décennies, ce championnat a connu une transformation profonde. Ce qui était autrefois un sport artisanal, porté par des passionnés et des ingénieurs visionnaires, est devenu une plateforme économique mondiale. Les petites structures indépendantes ont progressivement laissé place à des organisations complexes, soutenues par des multinationales, des constructeurs automobiles et des fonds d'investissement.

Depuis ses débuts, le championnat doit relever des défis majeurs. Des défis économiques, dans un environnement où les investissements doivent être justifiés et maîtrisés. Des défis technologiques, avec l'évolution vers des motorisations plus efficientes et plus durables. Mais aussi des défis culturels, dans un monde où les attentes du public évoluent, et où la transparence et l'accessibilité deviennent essentielles.

La F1 doit rester ce qu'elle a toujours été : le sommet du sport automobile. Mais elle doit également continuer à évoluer pour rester pertinente dans notre société moderne. C'est là toute la complexité de ce microcosme. La F1 ne peut pas se permettre de rester immobile. Son histoire montre qu'elle s'est toujours adaptée : aux crises, aux mutations technologiques, aux transformations économiques et aux changements de génération.

Comprendre la F1, ce n'est pas seulement comprendre un sport. C'est comprendre comment la performance, l'argent, la technologie et le pouvoir coexistent dans un même système. C'est comprendre comment un championnat peut devenir une industrie. Et c'est comprendre pourquoi, derrière chaque feu vert, se joue bien plus qu'une course.

REMERCIEMENTS

A mon père qui m'a donné la passion de la F1 et qui ne me quitte plus depuis de nombreuses décennies ;

A ma partenaire de vie qui me soutient et m'aide dans mes projets les plus fous ;

A mon cercle amical qui supporte mes passions, toutes mes humeurs et toutes mes angoisses ;

A Christian qui a pris de son temps pour m'apprendre les rouages du business de la F1 et qui m'a donné son virus ;

Aux personnes qui ont accepté de répondre à des questions interdites pour que ce livre puisse être le plus précis possible ;

Aux fans qui me lisent quotidiennement et qui m'apportent un soutien sans faille depuis de nombreuses années ;

A vous qui êtes présent à chaque livre publié ;

MERCI.

www.ingramcontent.com/pod-product-compliance
Lightning Source LLC
Chambersburg PA
CBHW070245230526
45470CB00002B/482